Gas Volleyball

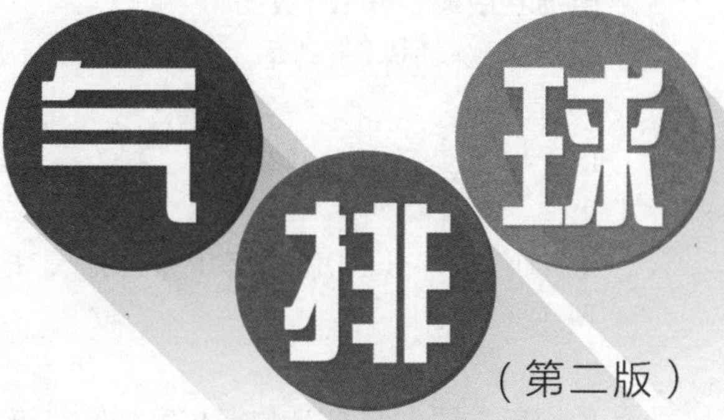

气排球

（第二版）

陈铁成　王幼华　主编

厦门大学出版社 XIAMEN UNIVERSITY PRESS
国家一级出版社
全国百佳图书出版单位

图书在版编目(CIP)数据

气排球/陈铁成,王幼华主编. —2 版. —厦门:厦门大学出版社,2017.7

ISBN 978-7-5615-6592-6

Ⅰ.①气… Ⅱ.①陈…②王… Ⅲ.①排球运动-基本知识 Ⅳ.①G842

中国版本图书馆 CIP 数据核字(2017)第 160050 号

出 版 人 蒋东明
责任编辑 施高翔
封面设计 蒋卓群
技术编辑 许克华

出版发行 厦门大学出版社
社　　址 厦门市软件园二期望海路 39 号
邮政编码 361008
总 编 办 0592-2182177　0592-2181406(传真)
营销中心 0592-2184458　0592-2181365
网　　址 http://www.xmupress.com
邮　　箱 xmup@xmupress.com
印　　刷 虎彩印艺股份有限公司

开本 889mm×1194mm　1/32
印张 7.75
字数 188 千字
版次 2017 年 7 月第 2 版
印次 2017 年 7 月第 1 次印刷
定价 30.00 元

厦门大学出版社
微信二维码

厦门大学出版社
微博二维码

再版前言

为了适应气排球运动进入校园的需要，为学生的知识学习提供载体，使气排球运动在推广与开展过程中在理论指导环节上更加深入，我们对2014年出版的《气排球》(由陈铁成主编)一书进行了修订。

本次修订，我们力求吸取上一版气排球教材的优点；汇集近年来气排球运动发展的新成果；针对学校的情况，突出教材内容的实效性、时代性、教学性。书中内容主要涉及气排球发展状况；气排球技战术理论、气排球规则及裁判工作方法；编排知识与游戏的理论与方法；气排球教学文件等内容。在编写栏目上增加了教学目标、知识点、知识窗、思考与练习等。该书内容新颖，是为数不多的关于气排球知识与教学训练的专门图书，书中很多内容是国内同类图书没有涉及的。本书的出版对读者的气排球理论学习、技能学习、实践能力培养、知识面的拓展具有很大的帮助。

该书既可以作为学校气排球教学的学习用书，也可以作为广大气排球爱好者的教学训练参考读物。

参加本书修订的编写人员是福建师范大学国家级精品课程“排球”团队成员。陈铁成教授、王幼华副教授任主编，林波副教授、黄子宜讲师任副主编。编写人员分工如下：第一章、第五章由陈铁成编写；第二章第一节至第五节由林波副教授编写，第六节、第七节由林志中讲师编写；第三章第一节至第三节由黄子宜讲师编写，第四节由许建政讲师编写；第四章由褚斌副教授编写；第六章由王幼华副教授编写。

前 言

气排球是排球运动衍生项目中唯一一项由我国发明并发展成为正式群众竞赛项目的运动。

1995年5月16日在世乒赛期间，国际奥委会前主席萨马兰奇应邀专程从天津来到铁道科学研究院和北京铁路局，观看了老年人气排球赛的表演。萨翁说："气排球很好，既适合老年人，也适合中年、青少年。"这一消息当时在国内报刊登载及广播、电台、电视台转播后，加快了气排球运动的推广进程。现在气排球已成为全国老年人体育协会的五大健身项目之一。

气排球运动从1984年创立至今，经历了30多年的发展路程，进入21世纪后，气排球运动发展迅速，活动的人群扩大，成为一项深受各年龄段人群喜爱的健身运动项目。在气排球发展的历程中，活动群体由最初的老年人发展到今天的广大中青年，其发展前景是非常喜人的，发展的动力主要是气排球运动本身的魅力和全民健身运动的背景所致。

目前，我国气排球运动已经进入校园，很多学校把气排球列为学生的体育教学与活动项目之一。为了适应气排球运动进入校园的需要，为学生的知识学习提供载体，为了使气排球运动在推广与开展过程中在理论指导环节上更加深入，我们编写了《气排球》一书。《气排球》一书是编著者在多年气排球运动的实践基础上，根据气排球运动规律，融自身经验，采众家之长而悉心编写的。该书内容新颖，是为数不多的关于气排球知识的专门图书，书中很多内容是国内同类图书没有涉及的。本书的出版对读者的气排球理论学习、技能学习、实践能力培养、知识面的拓展具有很大的帮助。

本书主要阐述了气排球发展状况，着重介绍了气排球技术理论与教学方法、气排球战术理论与方法，讲解了气排球规则及裁判工作方法，也介绍了竞赛组织活动与比赛的相关编排知识与游戏的理论与方法。该书既可以作为学校气排球教学的学习用书，也可以作为广大气排球爱好者的教学训练参考读物。

本书编写人员是福建师范大学国家级精品课程“排球”团队成员。陈铁成教授任主编，王幼华、林波副教授任副主编。

编写分工：第一章由陈铁成教授编写；第二章第一节至第五节由林波副教授编写，第六节、第七节由林志中讲师编写；第三章第一节至第三节由黄子宜讲师编写，第四节由许建政讲师编写；第四章由吴依雪副教授编写；第五章由褚斌副教授编写；第六章由王幼华副教授编写。

目　录

第一章　气排球运动概述

【内容提要】　主要介绍气排球运动的起源、发展现状，特点与功能，气排球运动的基础理论知识。

【学习目标】

1. 了解气排球运动的特点与功能。
2. 了解气排球运动的起源与发展概况。
3. 基本掌握气排球运动的基础理论知识。

【知识要点】气排球运动的特点；气排球运动的起源与发展。

第一节　气排球运动起源与发展

【知识窗】关注排球运动信息的重要网站

http://www.fivb.org（国际排球联合会官方网站）

http://www.cva.com.cn（中国排球网）

一、气排球运动起源

气排球是我国自创的一种排球衍生项目。气排球的产生颇具戏剧性。1984年，呼和浩特铁路局集宁分局的离退休人员，为了丰富他们的晚年生活，在受春节联欢晚会上吹气球游艺活动的启发后，首先用气球进行隔网对打游戏，随后又改用儿童玩具塑料球代替气球，并逐步在呼和浩特铁路局内开展起来。气排球一经发明就显示出很强的娱乐性、竞技性与团队性，受到广大群众的喜爱。在活动开展不久，活动者为了气排球的推广与普及，制定了简单的没有文字资料的比赛规则，并将此项运动列为铁路局老年人运动会的比赛项目。

1991 年 10 月，火车头老年体协派出了气排球活动考察小组，到呼和浩特进行实地考察，并编写了第一本《气排球竞赛规则》，同时在上海特制了比赛用的气排球。规则和比赛专用球的诞生，标志着气排球活动走向规范。

为了更好地宣传和推广气排球活动，1992 年 11 月 10 日至 15 日，在武汉市举行了首届铁路系统老年气排球比赛，共有 7 支男队和 6 支女队参赛。这是我国历史上第一次全铁路系统的气排球比赛，至此，气排球活动在我国正式开展起来。

二、气排球运动的发展

（一）气排球运动前期发展状况

1995 年 5 月 16 日在世乒赛期间，前国际奥委会主席萨马兰奇应邀专程从天津来到铁道科学研究院和北京铁路局，观看了老年人气排球赛的表演。萨翁说：“气排球很好，既适合老年人也适合中年、青少年。”这一消息当时在国内各报纸刊登，广播、电台、电视台转播后，加快了气排球运动的推广进程。现在气排球已成为全国老年体协的五大健身项目之一。

2004 年，中国老年人体育协会在浙江丽水市举行了第一届老年人气排球比赛。2005 年 7 月，中国老年人体育协会在福建省莆田市制定了全国第一部统一的《老年气排球竞赛规则》，这部规则的诞生，规范了全国气排球比赛，推动了气排球的发展，气排球活动在全国得以全面推广，并且逐渐从老年人活动群体向中青年群体扩展。

（二）气排球运动发展的现状

1. 老年人气排球发展状况

气排球是中国老年人在体育项目领域的一项创新和贡献，

同时,气排球也是中国老年人体协自2004年开始,向全国推广的优秀老年体育健身项目之一。由于它健身性强、运动强度适当而且具有的浓厚的趣味性,很快就受到老年朋友们的普遍喜爱。近年来,在江苏、浙江、福建、广西、湖南等地,气排球有比较好的发展态势。为适应气排球运动在国内良好的发展趋势,规范气排球运动的发展,正确引导各地气排球发展的积极因素,中国老年人体育协会2011年10月正式成立了气排球专项委员会,在第一次会议研讨会上,与会专家代表经过讨论认为,鉴于气排球运动发展处于发展阶段,当前气排球运动的发展重点在于普及推广,提出了"交流活动区域化,项目管理专项化"的发展目标。气排球专项委员会成立后,规范了全国老年人气排球比赛,开展了一系列普及活动,对气排球的深入开展有很好的推动作用。

2. 中青年气排球运动发展状况

自2010年以来,气排球运动在中青年群体中开展呈现出欣欣向荣的局面。目前,我国许多城市都成立了气排球协会、气排球俱乐部等各种气排球组织,初步形成了有组织的气排球管理运行机制。活动的形式主要是自发参与和相关部门统一组织相结合,城市间各俱乐部之间的联赛持续不断,各种规模、类型的赛事层出不穷。很多的行业系统已经把气排球比赛当成一个常规赛事,比赛规模越来越大,参赛队伍越来越多,比赛的技战术水平逐年提高。在气排球发展的历程中,活动群体由最初的老年人发展到今天的广大群众,其发展前景是非常喜人的。气排球发展的动力主要是气排球运动本身的魅力所致。

中青年气排球运动发展的一个显著特征是比赛多,以比赛交流带动运动开展,多种多样的比赛对气排球运动的普及起到了很好的推动作用。据不完全统计,2010年以来,福建、江西、湖南等省相继把气排球比赛列入了省运会正式比赛项目。2010 年至 2017 年福建省排球协会连续主办了福建省气排球公开赛，主要参与者是 25～59 岁年龄段人群，第一届参加的队数达 90 多支；2012—2016 年在福建省南平市举办了由国家体育总局社会体育中心连续主办了五届全国气（轻）排球邀请赛，每届参赛队伍都达数十支。2015 年、2016 年国家体育总局排球运动管理中心在全国相继举办了全国超级杯气排球分区赛、决赛，极大地推动了气排球运动的深入发展。2017 年第十三届全运会竞赛进行了重大改革，增加了 19 个全运会群众比赛项目，气排球作为深受群众喜爱的运动项目入选其中。气排球进入全运会标志着气排球运动发展进入到了一个崭新的阶段。

（三）影响气排球运动发展的主要因素

气排球运动从创立至今，经历了 30 多年的发展路程。在各个不同阶段中，发展的重点突出。特别是 21 世纪后，发展迅速，活动的人群扩大，成为一项深受各阶层大众喜爱的健身运动项目。在气排球运动发展的道路上，影响其发展的主要因素有以下两点：

1. 全民健身运动的背景与要求

《全民健身计划纲要》（1995—2010 年）提倡简便易行而且适合不同性别、职业特点与体质状况的体育健身运动项目；气排球运动适应对象广，简单易学，对身体素质和年龄性别的要求都不高，而且健身性娱乐性都比较强，球大而且轻，不易受伤，便于进行比赛，观赏性也很高，气排球运动的特点比较完整体现了《全面健身计划纲要》的要求。

2. 气排球运动的娱乐性、健身性、竞技性的特点

以福建省发展状况为例，可以看出气排球运动高速发展的脉络。气排球是在 1994 年传入福建省的，经过十几年的发展，气排球运动在福建省得到很好的发展。目前在福建省气排球开展较好

的地区主要有厦门、泉州、莆田、三明、漳州、宁德、福州等地。2000年之前，气排球运动在福建省的开展对象为老年人。在此之后，由于气排球运动的娱乐性、健身性、竞技性的特点，吸引了大批中青年人群的加入。当前，气排球的发展速度之快，使气排球运动具有良好的发展前景，中青年加入气排球运动，也使得气排球比赛日益激烈，技战术水平不断提高，观赏性不断提高。

（四）中青年气排球运动开展特点

1. 中青年气排球运动开展的目标特点

中青年气排球运动衍生于排球运动，起源于老年人气排球运动，其运动开展目标既有室内排球的竞技性特点，又有老年人气排球运动的娱乐性特点。中青年气排球运动人群的追求目标主要有提高比赛竞技水平、强身健体、兴趣爱好、休闲娱乐四个方面。

2. 中青年气排球运动参与人员的特点

(1)参与人员年轻化

气排球运动的传播是从老年人传向中年传向青年传向少年，参与的人员越来越年轻化，由于气排球运动的魅力，吸引着大批的中青年人群的参与。从中青年参与的情况看，年龄的走势越来越趋向年轻化。以福建省为例，通过对福建省排球协会举行的“福建省气排球公开赛”近4年比赛人员年龄进行调查分析，比赛年龄的组别分为两组：男子组分为男子甲组45～60周岁，男子乙组25～45周岁；女子组分为女子甲组40～55周岁，女子乙组20～40周岁。

(2)参与人员广泛性

中青年气排球开展的广泛性是指凡是愿意参加气排球运动的人群，不分职业、性别、年龄、有无排球基础都可以参加。根据对福建省各个地区的调查研究，参与气排球运动者来自学校、政法、税务、银行、企业等各行各业的体育爱好者，其中也有一部分是退役的排球运动员以及体育教师。各行业单位的人群积极参加气排球活动,参与者以气排球运动为纽带,既锻炼了身体,增强了体质,联络了感情,又促进了工作和事业的发展。

3. 中青年气排球比赛组织与推广交流特点

(1)中青年气排球比赛组织多样化的特点

表 1-1 是对近些年福建省中青年气排球赛事的不完全统计表。从表中的赛事可以看到比赛呈现出多层次、多样化特点。

表 1-1 福建省中青年气排球赛事一览表

比赛名称	主办单位	备 注
福建省社区运动会气排球比赛	福建省体育局	两年一届
福建省农民运动会气排球比赛	省政府农村工作办公室、省农业厅、省体育局、省农民体育协会主办	四年一届
福建省气排球公开赛	福建省排球协会	一年一届
省市县直机关气排球气排球比赛	省市县直机关工会体育局	一年一届
福建省、市地税系统气排球比赛	省市地税局、体育局	一年或两年一届
行业工会系统气排球比赛	企事业单位工会	一年或两年一届
福建省(地市)气排球邀请赛	各个地市气排球协会	根据每个地市情况
海峡两岸姐妹气排球比赛	福建省妇联	一般一年一届
海峡巾帼健身气排球比赛	省妇联、省体育局、市人民政府	一般一年一届
福建省高校教职工气排球比赛	福建省大学生体育协会	一年一届

续表

比赛名称	主办单位	备　注
庆"三八"妇女气排球赛	企事业单位	一年一届
街道社区气排球比赛	街道社区工会	一般一年一届
"漳、厦、泉"气排球公开赛	厦门排球协会	一至二年一届
南平市全国气排球邀请赛	南平市政府、气排球协会	一年一届
福建省运动会气排球赛(行业组)	福建省政府	四年一届

(2)中青年气排球推广交流的特点

中青年气排球运动的推广多以比赛的形式促进队员的交流，促进气排球的发展。以福建省为例，福建省排球协会主办的第一届福建省气排球公开赛举行于2009年，其参与对象为20～60岁之间的人群，共有30支代表队207人参加了比赛。2010年福建省气排球公开赛，共有70多支队伍、500多人参加，参与对象为中青年。2011年福建省排球协会举办的"正荣杯"福建省气排球公开赛，参赛队多达98支，其参赛者为中青年；2013年，厦门、漳州、泉州三地气排球公开赛参赛队伍多达100多支，是规模最大的福建省气排球公开赛；2017年4月在福建省莆田市举办了福建省气排球公开赛暨全运会选拔赛，各地积极参与选拔，盛况空前。与老年人相比，中青年人在运动上显得更有活力，主动走出去，多一些交流，多以比赛促交流，促发展，以比赛的形式达到人们健身娱乐的目的。

中青年以比赛促进交流，具有以下几个特点。第一，参与者通过比赛,体验运动带来的乐趣;第二,通过比赛,促进了人们的交流,促进气排球运动的发展;第三,在比赛的过程中,队员对竞技表演的追求,体验自我价值。

【知识窗】全国气排球三大赛事

赛事名称	主办单位	举办情况
全运会群众项目 气排球比赛	中国排球协会	2017 年第十三届运动会 首次列入比赛项目
全国超级杯 气排球比赛	中国排球协会	2015 年、2016 年第一、二届
全国老年人 气排球健身展示会	中国老年人体育协会	每年举行

第二节　气排球运动特点与功能

一、气排球运动特点

(一)简单易学,“入门”快

气排球重量轻、体积大、球体柔软、反弹力大、球的飞行速度慢、易控制。基本动作和规则相对室内排球容易掌握,它较少地受性别、年龄、体质和技术水平的限制,即使没有室内排球基础的人同样可以参加活动,享受比赛带来的乐趣。

(二)具有较高的健身价值

气排球比赛,时长一般为 30～40 分钟,运动量适宜,因此,此项运动适合各种年龄层次的人。在活动时,由于气排球在运行中始终处于飘浮不定的状态,所以每次击球都必须经过仔细的分析后才能正确处理，充分调动了全身器官参与活动，食欲好，睡眠稳，精力充沛。有些气排球活动参与者原有的诸如关节炎、风湿、颈椎增生、神经衰弱、手指发麻、血糖低、血压不稳等症状已基本消失。

（三）观赏性和趣味性强

气排球活动对于参与者的技战术水平要求不高，即便是从未从事过该活动的人，也很容易加入到气排球的竞技性比赛中。气排球比赛和室内排球比赛一样隔网进行，双方身体接触少，不易受伤，比较适合于人们娱乐和休闲。同时，气排球弹性较好，重量轻，飞行速度较慢，不易落地，这些特点能使比赛中的来回球增多，对抗性加强。并且，在气排球比赛中常常出现在室内排球比赛中不易出现的击球花样和变化，令人耳目一新，有些球的变化甚至会让观众开怀大笑。特别是气排球运动的竞技性成分较少，这样可以让参与者和观众带着比较放松的心情对待比赛，在这种较好的心理状态下，比赛的精彩场面更容易出现，这让大家更深切地感受到运动的乐趣。

（四）技术的全面性和独特性

在气排球比赛中，任何位置的运动员都要参与防守和进攻，场上 4～5 名队员处于全攻全守状态，随着在场上位置的轮转，每名队员都必须掌握各项气排球技术。气排球由于重量轻，圆周大，比赛场区小，球网低等特性，这就使得气排球能创新出与室内排球不同的特色技术。气排球规则规定所有运动员在离中线 2 米外才能进行下压的进攻性击球，所以，气排球比赛中比较有威胁性的击球大多是远网扣球，完成起来有较大的难度。在水平较高的比赛中几乎是每球必扣，每球必拦，攻防转换快，来回球多，技术含量较高。在比赛中，甚至有些已有室内排球基础的人还因为受原有技术概念的影响在短时期内还不如没有排球基础的人容易适应气排球的动作要领和规则，尤其表现在对气排球防守动作技术与比赛规则的不适应。气排球比赛要求参与者心态平稳，技术全面，充分发挥整体的优势，采用合理的技战术，扬长避短，才能使比赛精彩，获得胜利。

（五）亲和性好

气排球球体柔和、弹性好、球网低、比赛场地较小、运动量适中。这使得参与者没有手指挫伤、手臂疼痛、体力不支等顾忌。各年龄层次的人群均适合参与该活动，在参与者的年龄上没有明显的限制，老少皆宜，通过参与气排球运动，可以加强不同年龄段人群的沟通和交流，是继软式排球后又一项具有亲和性的室内排球的衍生项目。

（六）气排球器材场地特征

通过表 1-2 气排球与室内排球场地器材的比较分析，可以看到气排球运动场地器材的主要特征是大众性，健身性与通用性。

表 1-2　气排球与室内排球场地器材的比较

比较项目	气排球	室内排球	差距
球重(g)	120～140	200～300	轻 80～160
球圆周(cm)	72～78	65～67	大 7～11
场地(m)	12×6	18×9	长少 6、宽少 3
进攻线(m)	2	3	少 1
网高(m)	男:2 / 2.1 女:1.8 / 1.9	男:2.43 女:2.24	男子网低:0.43 / 0.42 女子网低:0.44 / 0.43
上场人数(人)	5 或 4	6	少 1～2

二、气排球运动的功能

（一）娱乐休闲强身健体

气排球运动竞技性与娱乐性并存，既可以进行休闲活动，又可以组织竞技比赛，人人都能参与。经常参加气排球运动，能改善人体中枢神经系统和内脏器官的功能状况，提高身体素质和运动能力，增进健康，强健体魄。

（二）锻炼提高心理品质

经常参加气排球运动，能够学到很多控制自己情绪和调节自身心理的手段方法，如连续失误时不急躁，使自己尽快冷静下来而且不灰心；比分落后时不气馁，沉着应对奋起直追；关键比分时不手软，增强攻防自信心等，都是对自己形成良好心理品质的锻炼和提高。

（三）提高判断应变能力

在气排球比赛中，具有预见性的、准确的判断已成为制胜的重要因素之一。场上形势往往瞬息万变，判断依靠的是眼观六路、耳听八方，通过观察对方和同伴的动作、击球的声音、场上的布局等，预测将要发生的事情而迅速做出决策。因此，运动员在比赛中必须不断观察准确理解同伴的意图，才能默契合作，这对提高人的判断应变能力具有很好的促进作用。

（四）培养团队协作意识

气排球比赛是一项集体项目，在运动中充分表现出团队协作意识的重要性。从接发球开始，就要尽可能一传到位，给二传组织进攻创造最佳条件。二传则要努力避开对方拦网，将球传到进攻队员最舒服的位置。而执行最后一击的队员，则要全力以赴，争取得分，因为只有得分才是对一传、二传同伴配合的最好回报。因此，气排球比赛中的每一次击球，都包含着为他人着想的理念和团队协作意识。

第三节　气排球运动基础理论知识

一、气排球运动的供能特点、运动力学基本理论知识

（一）气排球运动的供能特点

大量的数据统计结果表明，气排球比赛中常见的起跳、扣拦等技术动作一般在3秒之内完成。气排球比赛一场时间通常在30分钟左右，气排球比赛一个回合竞争的时间有时在数十秒。可以认为，气排球比赛的运动形式是由扣球、拦网等多次短促快速用力和短间歇时间的连续爆发用力以及较长时间的中低负荷强度的准备、移动取位活动组成。因此，气排球项目属于短时间、爆发式的身体运动被短暂的休息分隔开来的间歇运动。由于既有高强度快速用力的攻防，又有许多相对较长时间的无球中、低强度活动，决定了提供气排球运动肌肉工作的能量系统具有主次之别。气排球运动供能特点是以非乳酸能（ATP-CP）系统供能为主，有氧供能和乳酸供能为辅。其中，有氧供能在长时间的排球比赛中的地位非常重要。

（二）气排球技术的运动生物力学一般理论分析

气排球技术动作中包含着运动力学问题。认真研究气排球技术中影响人体运动的起动、移动、制动起跳、挥臂等技术动作的生物力学原理及影响球飞行的一些力学因素，有利于找出技术动作的关键和难点，有利于练习者正确领会动作要领，提高掌握、运用技术的能力。

1. 起动

起动是移动的开始,是练习者在球场上由静止状态变为运动状态的一种脚步动作。它是在准备姿势的基础上,变换身体重心的位置,破坏准备姿势的平衡,使身体便于向某一方向移动的关键。在进攻中,突然快速的起动,是加快进攻节奏,提高进攻效果的有效手段;在防守时,迅速的起动是保持或抢占有利位置、防起对手进攻的首要环节。气排球比赛中,向前和向侧前方的移动最多。因此,身体重心的投影点应落在两脚支撑面的前部或适当超出支撑面,这样更有利于加快向前移动的起动速度。气排球比赛中要求运动者要起动快、移动快,要完成这样的要求必须符合以下几个原理:

(1)起动的力学原理是破坏原有的身体平衡:人体向前抬腿使身体失去平衡而向前倾,起到移动的目的。加之收腹,上体前倾,有利于身体重心前移,从而使蹬地角减小,增大了后蹬的水平分力,达到加速起动的目的。

(2)在起动方向上的稳定角要小:如向前移动时,上体迅速向前倾斜,或提起一只脚,使身体重心垂线远离支撑点。运动者做起动准备姿势时,前稳定角要接近于零度。稳定角的大小,与支撑面成正比;与重心的高低成反比。

(3)支撑反作用力要大:支撑反作用力是练习者蹬地时地面的反作用力,练习者的蹬地力量越大,静止惯性的动力也就越大。起动时的主要用力取决于蹬地腿肌肉爆发式收缩的速度和力量。蹬地腿预先拉长的肌肉爆发力越大,起动速度就越快。

(4)蹬地角要小:在支撑反作用力一定的情况下,蹬地角的大小,决定这个水平分力的大小。重心前移,蹬地角减小,蹬地的水平分力增加。所以,起动时应采用较小的蹬地角,以获得较大的支撑反作用力的水平分力。为了使身体重心迅速前移,有时还可以在抬腿之前，后腿适当向后撤一步，起到减小蹬地角、增大水平分力的作用。如向左移动，则抬左腿，身体向左倾斜，右腿蹬地起动。

2. 击球

影响球体飞行的因素主要有两个，一个是球体获得的初速度，一个是空气的阻力。气排球球体质量不太均匀，因为受空气的阻力影响比较大，飞行呈现不规则状态。因此，对气排球的击球用力要注意击球动作，不同的动作可以改变球在空中的飞行轨迹和速度。

(1)加速

击球动作的用力特点是加速，击球者通过调整击球用力的大小及手臂对球体作用力时间的长短来控制发球的速度和落点。为了使球体获得更大的动量，增加发球的攻击性，就要加大球体受到的作用力，从而使球出手的速度加快。

(2)作用力

在击球角度固定的情况下，球飞行抛物线受击球时作用力大小的影响。作用力大，球的落点远；作用力小，球的落点近。如发球时仰角固定，击球用力越大，球飞得越远。

(3)旋转球原理

在气排球运动中，运用旋转的原理指导具体实践，对提高气排球技术有很大的促进作用。例如，发球时，使作用力通过球体的上半部，利用手和球皮的摩擦，加之手腕的推压动作，可发出上旋球。同理，作用力通过球体的左半部，就可以发出左侧旋球，作用力通过球体的右半部，就可以发出右侧旋球。由于气排球击球技术的要求，球在飞行中主要是以上旋球或上左侧旋、上右侧旋的形式飞行。

二、气排球运动的心理学一般理论

(一)赛前心理状态分析

竞赛是一种特殊的体育活动形式，体力和心理都处于高度紧张状态。这些都对参赛者心理产生不同程度的影响,使心理状态发生变化,随着比赛期的临近,这种变化和影响也日益显著,有时出现在赛前几天或几小时,其表现形式多种多样。根据运动员参赛的实际情况,一般可分为三种心理状态。

1．振奋积极状态

这是一种有利于比赛的心理状态。运动员对比赛的目的、任务明确,有强烈的责任感。其表现为:劲头十足,精神饱满,积极性高,注意力集中,渴望发挥自己的力量,坚信自己在比赛中能够获胜或取得好成绩,同时也清楚地了解和评价自己技术上的优、缺点以及在比赛中如何应付各种变化。这种心理状态,使参赛者的生理状态、心理状态都处于高水平(心血管,呼吸系统),兴奋和抑制处于最佳状态,其兴奋正好达到比赛所需要的程度。他们在即将到来的比赛中,能尽最大的努力完成任务,比赛成绩往往能达到或超过预期的水平,这种状态突出的一点是想比赛的情绪,对于参加比赛,不认为是负担,而感到是一种快乐的情绪体验。

2．紧张胆怯的状态

这是一种不利于比赛的心理状态。参赛者对即将到来的比赛表现为忐忑不安,过度兴奋,情绪急躁、不知所措、头脑昏沉、注意力不集中,对表现自己原有水平和战胜对手缺乏信心。生理方面也会出现呼吸急促、脉搏加快、血压升高、失眠厌食、手或腿发抖、浑身打战、口渴等现象。在比赛中能力下降、动作失常,比赛是在失控的状态下进行的。这种状态一般发生在训练水平低或新手身上。此外还有其他因素,如重大比赛怕输后受领导或教练的训斥;观众与亲友来捧场,过多地考虑比赛的胜负和个人的得失,从而产生心理压力。

3．赛前盲目的自信状态

这种状态是对即将到来的比赛,困难估计不足,过高地估计自己的力量，盲目自信，相信自己能轻易取胜，掉以轻心，在比赛中随随便便，本身不能充分地动员自己全部力量去克服困难，去认真面对比赛。注意力不集中，注意强度下降，知觉、思维迟钝，虽然情绪是饱满的，但属于消极盲目乐观。其产生的原因主要是指导思想不对头，掌握了解的情况不全面，过低估计了对手的实力，或者是参赛者的自身傲气和目中无人。

(二)参赛者赛前心理训练方法

参赛者的心理训练是一个教育过程，一般不使用仪器和药品，其方法主要是利用言语或文字暗示，通过第二信号系统来调节中枢神经的兴奋性，在比赛前使用，效果甚佳。

1. 放松训练法

包括精神放松和肌肉放松两个方面，两者是相互联系，互相影响的。放松训练可由两个渠道进行。第一种方法是通过精神(心理)放松而导致肌肉的放松，以顺利完成技术动作和解除疲劳；第二种方法是通过肌肉的放松而导致精神(心理)上的放松，以保持良好的心理状态，使参赛者在比赛中获得最佳的运动成绩。第一种具体方法是选择一处安静的环境，采用一种舒适的身体姿势，反复默念一个词或短语，排除各种杂念，这样训练 20 分钟，既可以使人产生一种非常放松的感觉。第二种具体方法是人们从头到脚依次收缩肌肉，这样保持高度紧张之后，再尽快地放松，这样肌肉就会比平时更放松。在进行放松训练时，一定要与自我暗示相结合，即利用语言对身体机制进行调节，自己对自己说话，发出“命令”，这样可以增加放松的效果，通过放松训练，不仅可使运动员消除赛前身心紧张状态，使其协调自如地参加训练和比赛。而且也是消除训练和比赛疲劳的有效手段。

2. 集中注意力训练法

所谓集中注意力，就是把思想全神贯注地集中到某个事物上，这时，各种与注意焦点无关的事物或杂念会暂时被排除，倘若参赛者在赛前能够高度集中注意力，这是获取比赛优异成绩的关键因素。一般情况下，集中注意力的训练，应当安排在掌握放松技术的基础上进行，每次训练前应当让参赛者先放松，使其感到安静、舒适后再施以集中注意力的训练。

3. 想象训练法

想象训练法也叫作意念训练法，其目的在于让参赛者在赛前的头脑里进行一次“身临其境”的比赛，在头脑里想象比赛的技术和完成技术动作的典型条件，对产生预期成绩的全部动作技术过程和情绪感受，进行反复的想象，体验和心理反应。通过想象训练可加速提高掌握动作的质量，形成完整动作的准确性。

4. 模拟训练法

所谓模拟训练法，就是指将训练与正式比赛在条件相似的环境下所进行的一种心理训练方法。通过这种按实践要求进行训练的形式，可以有效地提高参赛者临场比赛的适应能力。模拟训练通常有两种方法，第一是现实模拟，即运动员在比赛形式、比赛对手、比赛时间安排以及气候情况、场地器材设备等各种因素都与正式比赛相似的情况下进行训练；第二种是通过录像、电影、图片、录音、语言等手段进行模拟训练。通过模拟训练可以增强参赛者参加比赛的信心与斗志，以及改善运动员的自我控制能力等。

三、气排球运动活动的保健知识

运动中自我运动保健的典型案例及分析：

1. 针对在学习过程中不重视准备活动的状况，进行运动保健知识的教育与运动损伤预防的引导

在学习中，由于气排球活动不太剧烈，因此练习者经常不太重视准备活动。学习的开始，练习者往往直接进入技术的练习中，或

进行比较激烈的活动。这是气排球练习中的一个不好习惯。应当有目的地加以引导,充分认识不做准备活动的危害,提供准备活动的方法。

(1)分析问题

不重视准备活动是练习者的习惯问题,更是思想问题,练习者没有了解到运动的准备活动的必要性,没有看到由此带来的危害。

(2)解决方案

①要告诉练习者为什么要进行准备活动的原理,气排球练习也是有一定的活动量,对身体的运动系统、心血管系统、神经系统等系统均有影响,不做准备活动对这些系统将产生不利影响。

②准备活动要循序渐进,要做由简到繁的动作。准备活动一般可以做一些慢跑、徒手操。

2. 针对在学习过程中出现踝关节扭伤的情况,进行运动保健知识的教育与运动损伤预防的引导

在学习过程中,随着扣球与拦网技术的教学进行,练习者有时出现脚踩球或脚踩脚的现象,表现为踝关节扭伤。这是气排球学习过程中产生的比较严重的运动损伤事件。

(1)分析问题

产生踝关节扭伤生理原因是:踝关节在脚踩球或脚踩脚时严重弯曲导致皮下毛细血管出血、肌肉或肌腱等身体组织损伤,这是正常的身体应激反应的生理现象,是每个人都会产生的生理反应。

(2)解决方案

①首先,练习者要高度重视。在练习过程中,在损伤发生前,以预防为主,在练习中始终贯穿预防为主的指导思想。教育练习者在学习的过程中要遵守学习纪律与要求。在进行扣球与拦网对抗练习时,要学会判断,如果球近网时,要注意不要前冲,预防踩到同伴的脚发生损伤。

②其次在损伤发生后应当很好处理，使损伤害处减少到最小，并且能够尽快康复。发生损伤后的即时正确处理方法是：冲凉水或冰块冷敷，减少损伤的血管出血；在损伤后，要进行必要的检查，如 X 光检查等，排除损伤部位骨质及肌肉组织的严重伤害；在排除损伤部位骨质及肌肉组织的严重伤害后，可以在损伤发生 24 小时后进行按摩理疗等治疗方法，促进损伤部位的血液流通，保证肌体组织的营养供应，有利于尽快恢复。

③第三要有目的地加以引导，告诉练习者产生损伤的原因，消除练习者的不良情绪与表现，尽快地回到正常的学习中去，要告诉练习者产生损伤的原理，明确这种现象随着时间与治疗的深入，以及肌体的自我修复功能，将会尽快康复。

【思考与练习】

1. 近年来气排球发展的特点。
2. 我国气排球比赛种类与特点。
3. 气排球比赛前运动员的心理变化情况。
4. 气排球运动中如何防伤。

第二章　气排球技术

【内容提要】　本章阐述了气排球技术的概念与分类，分析了准备姿势与移动、传击球、防守击球、发球、扣球、拦网等基本技术的理论与方法，介绍了气排球技术的教学理论与方法。

【学习目标】

1. 掌握各项基本技术的动作方法和要点。

2. 掌握各项基本技术的教学训练顺序、步骤、方法及在比赛中运用各项基本技术的能力。

3. 对各项基本技术做到会讲、会示范。

4. 了解各项技术教学训练中易犯错误与纠正方法及应注意问题。

5. 了解气排球教学训练中常用的一些技法，掌握这些技法的运用时机和技巧。

【知识要点】准备姿势与移动；发球；防守击球；传击球；扣球；拦网；教学训练；练习方法；易犯错误；纠正方法。

第一节　气排球技术概念与分类

一、气排球技术概念

气排球技术是指在规则允许的条件下，运动员采用的各种合理的击球动作和其他配合动作的总称。气排球的性能很接近室内六人排球，室内六人排球的各种技术动作大都适用于气排球，但由于气排球的球体特点和规则特点与室内六人排球有区别，因此，气排球具有自己富有特色的技术动作。

气排球的球体体积较大，击球面大的特征是气排球击球稳定的一个重要因素。同时由于气排球的重量较轻，在运行中受气流的影响易产生“晃动”、“下沉”和“变线”的现象，而击球时采用的“捧”、“抱”、“托”等动作能很好地解决气排球在运行中出现的这一系列问题，也由此创造出气排球独特的“双手插托球”、“抱球”、“捧球”、“单手托球”等击球技术动作。

正是因为球体轻、弹性好、易“飘忽”、二传难以到位、扣球容易出界的特点，所以在气排球比赛的实践中，要求队员能够灵活多变和不拘一格地使用各项基本技术，在技术的运用过程中更加强调击球部位的准确性和触球时对力量的控制。

二、气排球技术分类

（一）气排球技术分类

气排球技术可分为有球技术和无球技术。气排球无球技术包括：准备姿势与移动；气排球有球技术包括：发球、防守击球、传击球、扣球、拦网（图 2-1）。

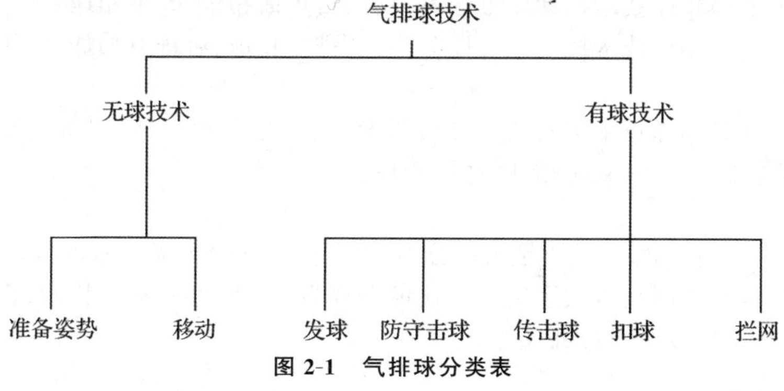

图 2-1 气排球分类表

(二)气排球各项有球技术分类

1. 防守击球

(1)防守击球技术按动作方法可以分为:双手插托球、抱球、捧球、背向双手小臂垫球、单手托球、正面双手小臂垫球。

(2)防守击球技术按接球轻重可以分为:

①接轻球技术:双手插托球、抱球、捧球、单手托球;

②接重球技术:双手插托球、抱球、正面双手小臂垫球。

2. 传击球

(1)传击球技术按动作方法可以分为:双手传球、双手抱传球、单手传球;

(2)传击球技术按传球方向可以分为:正面传球、侧面传球、背面传球;

(3)传击球技术按有无支撑可以分为:原地传球、跳传球。

3. 发球

(1)发球技术按动作方法可以分为:正面下手发球、侧面下手发球、正面上手大力发球、正面上手飘球、勾手大力发球、跳发大力、跳发飘球;

(2)发球技术按性能可以分为:大力旋转发球、飘球、轻发球。

4. 扣球

(1)扣球技术按动作方法可以分为:正面扣球、勾手扣球;

(2)扣球技术按区域可以分为:后排左扣球、后排右扣球、后排中扣球;

(3)扣球技术按起跳动作可以分为:原地起跳扣球、双脚助跑起跳扣球、单脚起跳扣球、冲跳扣球。

5. 拦网

(1)拦网技术按人数可以分为:单人拦网、双人拦网、三人拦网;

(2)拦网技术按运用与变化可以分为:原地拦网、移动拦网、拦高球、拦低球、拦拉开球等。

第二节　准备姿势与移动

一、准备姿势的动作分析

人体在起动、移动和击球前所采用的合理的身体姿势，称为准备姿势。合理的准备姿势是指既要使身体重心处于相对稳定的状态，又要便于移动和完成多项击球动作，为迅速起动、快速移动及击球创造最好的条件。依据比赛中(或练习中)完成各项技术动作的需要，按照身体重心的高低，准备姿势可分为半蹲准备姿势、稍蹲准备姿势和低蹲准备姿势。

(1)半蹲准备姿势：两脚左右开立稍比肩宽，一脚在前，两脚尖稍内扣，两膝弯曲成半蹲。脚跟稍提起，身体重心稍前倾，两臂放松，自然弯曲，双手置于腹前。身体适当放松，两眼注视来球，两脚始终保持微动(图 2-2)。

(2)稍蹲准备姿势：稍蹲准备姿势比半蹲准备姿势身体重心稍向前移，两膝弯曲程度小于半蹲准备姿势。动作方法与半蹲准备姿势基本相同(图 2-3)。

(3)低蹲准备姿势：两脚左右、前后开立的距离比半蹲准备姿势更宽一些，两膝弯曲的程度更大一些，身体重心更低、更靠前，膝部的垂直线超过脚尖，两手臂置于胸腹之间(图 2-4)。

图 2-2　半蹲准备姿势

图 2-3　稍蹲准备姿势

图 2-4　低蹲准备姿势

【知识窗】准备姿势的目的

准备姿势的目的是迅速起动;移动的作用是快速地接近球,以保证击球动作的合理性。据统计,在现代排球比赛中运用移动技术占技术运用总数的86%左右。在比赛中无论是接发球、进攻还是防守,应准确判断球的落地,快速移动,保持好人球的最佳关系,从而使防守击球、传击球、扣球和拦网等各项技术得以完美运用。因此,移动技术是攻防战术得以实现的重要前提,它直接影响着排球技战术的质量。

二、移动的动作分析

练习者从起动到制动之间的位移和动作称为移动。移动的完整过程包括起动、移动、制动三个环节。起动是移动的开始,它是在准备姿势基础上交换身体重心的位置,破坏准备姿势重心的稳定,使身体便于向某一方向移动步法;移动则是在起动的基础上,利用脚步动作来改变运动员在场上的位置,完成技术动作和战术配合的行动;制动是移动的结束,要及时克服身体的惯性冲力,保持好击球前的身体姿势。

移动的目的是为了及时接近球,保持好人与球的位置关系以便击球,同时也是为了迅速占据场上有利位置。

(一)起动

起动是指从静止到移动发力动作的过程。它是移动的开始,是在准备姿势的基础上变换身体重心的位置,破坏准备姿势的平衡,使身体向目标方向移动。以向前起动为例,在正确准备姿势的基础上,迅速抬起前腿,收腹,使上体向前探出,同时后腿迅速用力蹬地,使整个身体急速向前起动。起动的快慢是移动的关键,起动的速度取决于反应能力和腰腿部的速度力量。

（二）移动步法

起动后，应根据临场技术战术的需要，灵活地采用多种移动步法进行移动。移动的主要步法和动作方法如下：

1. 并步

两脚前后站立与肩同宽，两膝微屈，上体稍前倾，两手自然放松置于腰腹。并步时，前脚向来球方向跨出一步，后脚迅速蹬地跟上，并做好击球前的姿势。并步的特点是容易保持身体平衡，便于做击球动作。并步可向前、后、左、右各方向移动。

2. 滑步

连续并步就是滑步。

3. 交叉步

两脚左右开立，向右侧交叉步移动时上体稍向右转，左脚从右脚前向右交叉迈出一步，然后右脚再向右侧方向跨出一大步，同时重心移至右脚，身体转向来球方向，保持击球前的姿势（图 2-5）。交叉步的特点是步子大，动作快，便于制动。

图 2-5　交叉步移动

4. 跨步

跨步前膝部弯曲，上体前倾，身体重心移至跨出脚上。跨步时，一腿用力蹬地，另一腿向来球方向跨出一大步，后腿随重心前移自然跟上，两臂做好迎球动作（图 2-6）。跨步的特

图 2-6　跨步移动

点是，跨距大，便于向前、斜前方降低重心进行低点击球。

5. 跑步

跑步时一脚蹬地起动，另一脚迅速向前迈出，两脚交替进行，两臂配合摆动，不要过早做击球动作的准备，以免影响跑步速度。球在侧方或后方时，应边转身观察球边跑，跑步的特点是移动速度快，便于随时改变方向。

（三）制动

由快速移动转为突停状态的过程称为制动。制动是移动的结束，也是击球动作的开始。制动的方法有一步制动法和两步制动法。

1. 一步制动法：一步制动时，在移动的最后跨出一大步，降低身体重心，膝部和脚尖适当内转，全脚掌横向蹬地，以抵住身体重心继续的惯性力。同时以腰腹力量控制上体，使身体重心的垂直线停落在脚的支撑面以内。

2. 两步制动法：两步制动时，以倒数第二步开始做第一次制动，紧接着跨出最后一步做第二次制动，同时身体后倾，两膝弯曲，重心下降，双脚用力蹬地，使身体处于有利于做下一个动作的状态。

三、准备姿势与移动的运用

（一）准备姿势的运用

1. 稍蹲准备姿势的运用：一般用于当对方正在组织进攻时的判断，或球虽在本方但离自己较近不需要长距离移动击球时，以及在进行二传、扣球和接速度较慢弧度较高的发球、处理球时可运用稍蹲准备姿势。

2. 半蹲准备姿势的运用：半蹲准备姿势是气排球比赛中最基

本的准备姿势，在接发球时运用最多，在防守、拦网时也常运用。目的是在防较低的来球时能迅速起动和短距离快速移动。

3. 低蹲准备姿势的运用：低蹲准备姿势主要运用于接球速快的大力发球、防大力扣球与保护扣球（接拦回球），在接低远的球和衔接各种倒地动作的接球时也要求采用低蹲准备姿势，以扩大防守范围。

（二）移动步法的运用

1. 并步的运用：主要用于近距离的移动，如抱球、传球、垫球、拦网等技术。同时，经常与跨步或其他倒地击球技术结合使用。

2. 滑步的运用：主要用于短距离移动中，即来球距体侧稍远，并步不能接近球时运用滑步移动接球。

3. 交叉步的运用：主要用于体侧 2～3 米的来球，或二传手和拦网者在网前移动及防守两侧来球时运用。

4. 跨步的运用：跨步移动可以单独使用，也可与滑步、交叉步、跑步的最后一步结合运用。当来球低、速度快、距离身体 1 米左右时运用较多。

5. 跑步的运用：跑步移动经常与交叉步、跨步等结合起来运用。如向侧跑步时，常采用交叉步转身的方法来起动，在接近球时，又常用跨步、倒地和各种跳跃动作来制动使之完成击球动作。

四、准备姿势与移动的教学与训练

（一）教学与训练难点

准备姿势的目的是为了迅速起动、快速移动接近球，为此必须根据预先判断做出各种准备姿势。对初学者来说判断十分重要，也是教学训练的难点。

移动教学训练难点在于起动快慢，关键是准备姿势和起动的衔接。

（二）教学训练顺序

准备姿势和移动是气排球运动中各项技术的基础。在学习各种基本技术之前，首先要学习准备姿势和移动。

1. 在准备姿势教学中，一般应首先学习稍蹲准备姿势，然后学习半蹲和低蹲准备姿势。学习准备姿势要与学习传球、垫球技术的徒手动作练习结合进行。

2. 在移动教学中，首先学习并步、滑步、跨步、交叉步，然后学习跑步和综合步。移动步法的练习，必须与准备姿势和制动的练习紧密结合同步进行。

3. 准备姿势和移动的练习，大都安排在训练课的准备部分，结合发展反应、灵敏、速度、协调等身体素质进行练习。

（三）教学训练步骤

1. 讲解与示范

（1）讲解：首先讲解准备姿势与移动在气排球比赛中的重要作用，再讲解动作要领，常出现的错误动作及运用时机，讲解动作顺序应自下而上，即从脚和膝部讲起，然后讲解躯干、上体、手臂和头部的姿势。

（2）示范：准备姿势的示范方法，即要做正面示范，也要做侧面示范；做移动的示范时，向前后移动做侧面示范，向左右移动做镜面示范。准备姿势和移动也可以边讲解边示范，学生边听边模仿做徒手动作。

2. 组织练习的顺序

原地徒手模仿练习──→徒手移动模仿练习──→结合球的各种

练习。

（四）练习方法

1. 准备姿势的徒手练习方法

(1)学习者试做准备姿势，教练员巡回检查纠正动作。旨在建立初步概念，体会完整动作。

(2)将学习者分成两排面对面站立，一排做动作，另一排纠正对方错误动作，两排学习者互教互学。

(3)学习者看教练信号做动作。几个姿势交替练习，如此反复，教练随时纠正动作，也可以让一排学习者做，另一排学习者纠正其动作。

2. 移动的徒手练习方法

(1)学习者徒手试做各种移动步法，体会完整动作。

(2)学习者由半蹲准备姿势开始，根据教练手势做各种步法的左右快速移动。要求防止身体重心起伏跳动，移动后保持好准备姿势。

(3)3～4 人一组，站在端线后，先做原地快速小步跑，听到教练口令后，快速起动冲刺跑 6 米或跑过中线。

(4)两人一组相对站立，一人随意做各种移动步法，另一人跟随着做同方向的移动。

3. 结合球的练习方法

(1)两人一组，相距 2～3 米，做好准备姿势，一人向前、后、左、右抛球，另一人移动后把球接住再抛回，连续进行一定次数后两人交换。

(2)两人一组，相距 4～5 米，一人向前、后、左、右抛球，另一人移动对准球后用头将球顶回。规定完成若干次后互换。

(3)两人一组，相距 6～7 米，各持一球，两人同时把球滚向对方体侧 3 米左右处，移动接住后再滚给对方，如此往复进行。

(4)学习者面对教练站立,教练将球抛到学生身前、身后或两侧,学习者快速向前或转身改变方向移动去接球。

(五)常犯错误与纠正方法(表 2-1)

表 2-1 准备姿势和移动常犯错误与纠正方法

技术	常犯错误	纠正方法
准备姿势	臀部后坐,全脚掌着地	1. 讲清要领,反复示范 2. 强调含胸、收腹、前倾,两膝投影线超过脚尖
	两膝僵直,重心太高	1. 练习中两脚保持微动 2. 多做低重心屈膝姿势的移动练习
移动	缺乏判断,移动慢	1. 结合视觉信号多做起动练习 2. 多做短距离的各种抛接球练习
	身体重心起伏过大	1. 强调移动后要保持好准备姿势 2. 多做网下的往返移动练习

(六)教学训练中应注意的问题

第一,提高对准备姿势和移动技术重要性的认识,发扬不怕苦,不怕累的精神,同时多结合短距离跑动或游戏的形式进行练习,以激发学习者的学习兴趣。还要经常强调保持正确的准备姿势,促使学习者养成良好的习惯。

第二,多做视觉信号反应练习,培养视觉的观察判断能力。同时要把准备姿势、反应起动和各种移动步法及制动技术结合起来进行练习。

第三,练习方法要多样化,避免枯燥。如采用对抗、竞赛、游戏等练习方式,激发学习者的学习兴趣。多结合球和场地练习,增强学习者对各种不同来球的判断反应移动能力。

第四,加强腿部、腰腹力量的练习,特别要加强髋关节和脚步灵活性的练习。如多做短距离2～3米的折回跑、变速跑和变向跑等练习。

第三节　发　球

一、发球的概述

队员在发球区用一只手将自己抛起的球直接击入对方场区的技术动作称为发球。发球是比赛的开始,也是气排球比赛的重要进攻手段。有威力、攻击性强的发球,不但可以直接得分,起着先发制人的作用,而且还可以破坏对方组织进攻战术,减轻本方防守压力,为防守反攻提供有利条件。反之,发球失误过多,不但会失去发球权或为对方加分,而且还会给本方造成很大的心理压力和防守的困难局面。

发球时可运用正面、侧面、上手、下手等方法及采用原地或助跑起跳发球。无论采用哪种发球,都必须做到以下三点:一是平衡抛球。以单手或双手将球平衡抛起,每次抛球的高度、距离和落点都要固定。二是击球要准。击球时,要以正确的击球动作击中球体的相应部位,使用力方向与所要发球方向一致。三是手法要正确。击球的手法不同,发出球的性能有所不同。

【知识窗】发球技战术的运用

发球是比赛的开始,也是进攻的开始。准确而有攻击性的发球,不仅可以直接得分或破坏对方进攻战术的组成,还可减轻本方防守压力,为防反创造有利条件。气排球球轻、薄,容易在空中变向,因此,好的发球是稳定的得分点。我们在强调发球攻击性之前，首先要保证稳定性。因此不论是哪一种发球首先要做好准备姿势、抛球、挥臂击球这几个环节。其次，为了提高发球的破坏性和得分率，发球时注意以下几个原则：(1)发至对方二传手背后。(2)发至对方空位。(3)发给对方接球水平较差的队员。(4)对方站位较靠前时，发至后场，反之，发至前场。(5)发至主攻手。

二、发球的种类

气排球发球技术种类较多，根据动作结构大体可分为七种：正面下手发球、侧面下手发球、正面上手大力发球、正面上手飘球、勾手大力、跳发大力、跳发飘球等。其中正面上手大力发球、勾手大力发球和正面上手飘球是最基本的和运用最多的发球方法，正面下手发球和侧面下手发球是初级技术，适合于初学者。

三、技术动作分析

(一)正面下手发球

正面下手发球是指发球队员面对球网，手臂由后下方向前摆动，在体前腹部高度击球过网的一种发球方法。其特点是动作简单，容易掌握，准确性大。但球速慢，攻击性不强，适合于初学者。

1. 动作方法(图 2-7)

图 2-7 正面下手发球

(1)准备姿势:面对球网,两脚前后开立,左脚在前,两膝弯曲,上体前倾,左手持球置于腹前。

(2)抛球:左手将球轻轻抛起在体前右侧,球离手约 30 厘米高度,同时右臂伸直,以肩为轴向后摆。

(3)击球:右脚蹬地,身体重心随着右臂由后向前摆动而前移,在腹前以全手掌击球后下部。击球后,随击球动作重心前移,迅速进场比赛。

2. 技术分析

(1)击球手臂应以肩为轴向后摆起,再以肩为轴直臂向前摆动,在击球前手臂不应有屈肘动作,这样有利于加快挥臂速度和控制击球出手角度和路线并加强准确性和攻击性。

(2)手触球时,五指张开或拇指张开其余四指并拢呈勺形,手指、手腕要适当紧张,以全掌击球后下部。

(二)侧面下手发球

侧面下手发球,借助了转体力量来击球,便于用力,适合于女子初学者。发球失误少,但攻击性不强。

1. 动作方法(图 2-8)

图 2-8　侧面下手发球

(1)准备姿势:左肩对网,两脚左右开立,约与肩同宽,两膝微屈,上体稍前倾,重心落在两脚之间,左手持球置于腹前。

(2)抛球:左手将球平稳上抛于胸前,距身体约一臂远,球离手高度约一个半球。抛球同时,右臂摆至右侧后下方。

(3)挥臂击球:利用右脚蹬地向左转体的力量,带动右臂向前上方摆动,手指、手腕适当紧张,五指张开或拇指张开其余四指并拢呈勺形,以全掌击球,在腹前击球后下方。击球后,身体转向球网,并顺势进场。

2. 技术分析

(1)利用蹬地转体动作带动手臂挥摆,可增加发球的力量,击球手臂应由体侧右下方向斜前上方挥动。

(2)击球点不应超过肩的高度,并注意控制击球出手的角度和路线,球出手时仰角大,球飞行就高,仰角太小,则不易过网。

(三)正面上手大力发球

正面上手大力发球是指发球队员面对球网站立,利用收腹转体动作带动手臂加速挥动,在头的右前上方用全手掌击球过网的发球方法。这种发球击球点高,可以充分利用胸腹和上肢的爆发力,加之运用手掌的推压动作使球呈上旋飞行,不易出界,因此它具有较大的攻击性和准确性。

1. 动作方法(图 2-9)

图 2-9 正面上手发球

(1)准备姿势:面对球网,两脚自然开立,左脚在前,左手托球于体前。

(2)抛球与引臂:左手将球平稳地抛于右肩的前上方,高度适中,同时右臂抬起,屈肘后引,肘与肩平,上体稍向右侧转动,抬头、挺胸、展腹、手掌自然张开。

(3)挥臂击球:利用蹬地,使上体向左转动,同时收腹,带动手臂向前上方快速挥动。在右肩前上方伸直手臂的最高点处,用全掌击球的后中下部。击球时,手指和手掌要张开与球吻合,手腕要迅速做推压动作,使击出的球呈上旋飞行。击球后,随着重心前移,迅速入场。

2. 技术分析

(1)准备姿势和发球的取位:准备姿势应把左脚置前,这样便于引臂和身体自然右转。发球的取位应根据对方接发球布阵情况和攻击目标以及发球队员自身的特点来选定,在端线后 6 米宽的区域内,可以站在左右两侧,也可站在中央发球。

(2)抛球与引臂:抛球应以手臂上抬、手掌平托上送的动作将球抛在身前 30 厘米处,球离手约 1 米高度为宜。球一定要平稳上抛,不要屈腕,以免球体旋转和偏离上抛垂直线,造成击球不准。抛球过前,会造成手臂推球而不易过网;抛球过后,不能充分发挥转体收腹力量;抛球过高,不易掌握动作节奏和击球时机;抛球过低,不能充分发挥击球的力量和提高击球点。右臂后引时,应有屈肘上抬的动作,要充分拉长胸腹和肩关节前侧的肌肉,便于增加工作距离和击球力量。

(3)挥臂击球:挥臂肘,发力是从两足蹬地开始,上体迅速向左侧旋转,同时收腹,以腰胸带动肩、肩带动大臂、大臂带动前臂、前臂带动手腕,最后将力量传送到手上。

击球时,前臂和手腕动作要稳定,不要左右转动。手腕推压动作的大小,应根据击球点的位置进行调整,击球点高或离身体近时，手腕向前推压的动作要稍大，击球偏前或较低时，手腕向前推压动作要稍小，以免击球出界或入网。

（四）正面上手发飘球

正面上手发飘球是指采用近似正面上手发球的形式，击球力量通过球体重心，使发出的球不旋转而不规则地飘晃飞行的一种发球方法。这种球使接发球队员难以判断其飞行路线和落点。由于发球队员是面对球网站立，便于观察情况和瞄准目标，所以攻击性和准确性较高，目前在各类水平的比赛中均被男女队员广泛采用。

1. 动作方法（图 2-10）

(1)准备姿势：近似正面上手发球，但左手持球的位置较高，约在胸前。站在离端线的距离变化较大，可站在靠近端线处，也可站在离端线 8 米左右处发。

(2)抛球与引臂：左手将球平稳地抛在右肩前上方，高度应稍低于正面上手发球，并稍靠前些。在抛球的同时，右臂上举后引，肘部适当弯曲，并高于肩，两眼盯住球的击球部位。

图 2-10　正面上手发飘球

(3)挥臂击球：与正面上手发球一样做鞭甩动作，但击球前手臂的挥动轨迹不呈弧形，而是自后向前做直线运动。击球时，五指并拢，手腕稍后仰，用掌根的坚实平面击球的中下部，使作用力通过球体重心。击球用力要快速，击球面积要小，触球瞬间，手指、手腕要紧张，不加推压动作。击球结束，手臂要有突停动作。

2. 技术分析

(1)为了击准球，抛球要平稳且不宜过高。抛球时，左手应将球向上托送一段距离，抛球高度以略高于击球点为宜。

(2)发球仰角的大小，主要根据队员身材的高矮来变化。身材高、力量大、爆发力强的队员，发球的仰角应小些；反之，仰角应大些。

(3)发飘球的用力，不要像大力发球那样全身用力，主要靠挥臂动作。动作幅度可小一些，但发力要突然、快速、短促。如果发远距离飘球，动作幅度可相应加大，以获得较大的初速度。击球时，触及面积宜小，力量要集中、短促，手腕不能前屈或左右晃动。

(4)为了升高击球点，提高攻击性，可采用跳起发飘球。这种发球不需要全力起跳，当球抛至最高点时，队员也应及时跳至最高点击球。击球时，挥臂动作小而快速，使作用力通过球体重心，使球不旋转地向前飞行。

(五)正面上手侧旋发球

正面上手侧旋球不同于正面上手发球的形式。侧旋转球击球时不能使击球作用力通过球体重心，而是击打球体的某一侧，使发出的球产生侧旋飞行的一种发球方法。弧旋球的曲线受纵向飘移量、球的初速度、旋转速度、空气速度、空气阻力系数等诸多因素的影响，落点难以判断，同时击球部位和击球力量的不同，也会造成球的旋转方向、飞行路线和落点的不同。

侧旋转球分左旋和右旋两种。以右手发右旋转球为例做如下分析：

1. 动作方法

(1)准备姿势：面对球网，两脚自然开立，左脚在前，左手托球于体前。

(2)抛球与引臂:左手将球平稳地抛于右肩的前上方,高度适中,同时右臂抬起,屈肘后引,肘与肩平,上体稍向右侧转动,抬头、挺胸、展腹、手掌自然张开。

(3)挥臂击球:利用蹬地,使上体向左转动,同时收腹,带动手臂向球网的右前上方快速挥动,用全掌击球的右侧。击球时,手指和手掌要张开与球吻合,手腕要迅速做推压动作,使击出的球呈侧旋飞行。击球后,随着重心前移,迅速入场。

2. 技术分析

(1)准备姿势和发球的取位:准备姿势应把左脚置前,这样便于引臂和身体自然右转。发球的取位应根据对方接发球布阵情况和攻击目标以及发球队员自身的特点来选定。发球者站在6米发球区内的不同位置,身体面向不同的方向,可变化发球路线、发球速度,使发球的落点呈多点分布。

(2)抛球与引臂:抛球应以手臂上抬、手掌平托上送的动作将球抛至右肩上方约1米的高度。球一定要平稳上抛,不要屈腕,以免球体旋转和偏离上抛垂直线,造成击球不准。与此同时,右臂顺势后引上抬起,充分拉长胸腹和肩关节前侧的肌肉。

(3)挥臂击球:挥臂肘,发力是从两足蹬地开始,上体迅速向左侧旋转,其旋转幅度大于正面双手发球。同时收腹,以腰胸带动肩、肩带动大臂、大臂带动前臂、前臂带动手腕,最后将力量传送到手上。

击球时,手腕要瞬间向内转动,用全手掌快速、猛烈地切击球的右侧,同时手腕、手臂随着球的旋转方向向左前加力、伴送,作用力从球体重心偏右的方向通过,使球体向左旋转,球向左前方弧线飞行。

击球时,手掌切腕动作的大小,应根据击球点的位置进行调整,击球点高或离身体近时,切腕动作要稍大,击球偏前或较低时,切腕动作要稍小，以免击球出界或入网。同时击球点和力量的选择应根据发球人的站位和球的落点来决定。

一般来说，发左侧旋转球时，站发球区右侧，击球点于球体重心右侧1/3处。击球挥臂出手方位面向球网方向右转30°，用中等力量击球实效性较高。

(六)勾手大力发球

勾手大力发球能充分利用转体收腹力量带动手臂猛烈挥动来击球，发出的球速度快，力量大，弧线低，旋转力强，容易造成对方接发球困难，在心理上给对方造成较大威胁。

1. 动作方法

(1)准备姿势：发球队员左肩对球网，两脚左右开立，与肩同宽，两膝弯曲，上体前倾，重心落在两脚之间，左手持球于胸腹前，两眼注视着对方。

(2)抛球与摆臂：左手将球平稳抛至左肩上方，高度适中60厘米左右，抛球同时，右腿弯曲，重心移至右脚，上体向右侧转动和倾斜，右臂向身体右侧后下方摆动，同时挺胸抬头，两眼注视球体。

(3)挥臂击球：击球时，右脚用力蹬地，身体向左转动带动手臂沿弧形轨迹向上挥动，在右肩前上方击球。同时身体重心移至左脚，手臂充分伸直保持高点击球，手掌手指自然张开呈勺形，以全手掌击球的后中下部，击球一瞬间，手腕手掌要做迅速的明显向前推压动作，使球呈上旋飞行。击球后，迅速进场比赛。

2. 技术分析

(1)勾手大力发球时应将球平稳地抛至左肩前上方，高度适中约60厘米左右，抛球不宜偏后，以免影响发力。在左手抛球的同时，右臂放松向体侧后下方摆动，身体重心稍向右移。

(2)挥臂击球时手臂挥动轨迹呈弧线运动，击球瞬间手指和手掌要张开与球吻合，同时手腕要迅速做推压动作，使用全身最大爆发力去击球。

(七)跳发大力球

跳发大力球是指发球队员在端线后,利用助跑跳起在空中,象扣球似的将球击入对方场区的一种发球方法。跳发球时由于队员跳起在空中身体能充分展开并向前游动,不仅可以升高击球点,而且缩短了击球点与球网的距离,从而增强发球的力量和攻击性。但与其他发球技术相比,跳发大力球的技术难度和体力消耗较大。

跳发大力球的动作同远网扣球相似,它可运用一步、两步或多步助跑起跳的方法,可正对网助跑或斜对网助跑。现将正面助跑跳发大力球技术方法介绍如下(右手为例):

1. 动作方法(图 2-11)

(1)准备姿势:队员面对球网,站在离端线 2～2.5 米处,以右手或双手持球置于体侧或腹前。

(2)抛球。用右手将球抛至右肩前上方,抛球高度不宜过高,一般为肩上方 1 米左右,落点在端线附近或在场内距端线 1 米处。

(3)助跑起跳。随着抛球动作,队员迅即向前做 1 步或 2～3 步助跑起跳。起跳时,两臂要协调而积极地摆动,摆幅要大。

图 2-11　跳发大力球

(4)挥臂击球。大力跳发球时正确的挥臂动作是高划弧、长送臂，同时注意手掌包球，手腕卷腕的动作，轨迹近似于半圆。

(5)落地。击球后，尽量使双脚同时落地，两膝顺势弯曲缓冲，迅速入场。

2. 技术分析

(1)抛球

抛球是发好跳发球的基础。抛球时一手托球，由下向击球手臂的前上方抛出，在球离手时，手掌、手指给球体以撩拨动作，手掌手指的撩拨用力从球体重心的后下方通过，使球在向前上方抛起的同时产生上旋。

抛球的高度和距离应根据队员的具体情况而定，个子高、冲跳能力强的队员，可将球抛得高一点，离身体远一点，这样更可以发挥队员点高力大的优势。一般宜用击球手臂单手抛球，这样有利于助跑动作的协调配合。

(2)助跑

助跑的目的是为起跳和击球做准备，也是为了获得较大的水平速度。采用一步助跑，可有效地选择合理的起跳时机，提高选手对所抛出球落点等方面的判断能力。采用两步三步助跑，由于助跑距离增加，有助于提高助跑速度和向前冲跳。

(3)起跳

一般认为，跳发球技术的起跳步法分为并步法和跨步法。并步法适应性强，能调整起跳时间，现在大多数运动员都采用此种起跳方法。根据并步距离、双脚起跳时间，又表现为垂直型起跳和前冲型起跳。采用前冲型起跳方式起跳，比两脚平行式并步起跳更适合跳发球向前冲跳的特点。有利于身体重心位置前移并增加身体重心的初速度，同时也使身体处于向前起跳的良好姿势。同时能进一步提高人体重心腾起速度和高度，也有利于观察抛球的高度和落点，选择合理的起跳时机。起跳并步时，在左足尖内扣的制动和前脚掌首先着地的同时，加速向上摆臂，有助于保持一定的前冲和提高跳起高度。

(4)空中击球

大力发球的空中击球动作同远网扣球相似，击球手臂弧形挥摆，同时收胸、收腹，以全手掌击打上旋球体的后中下部，击打的同时手腕加速推压，手掌包球，击球作用力不完全通过球体重心，使抛起的上旋球再经过手臂有力击打，加快上旋球的飞行速度，并使上旋球的落点比不旋转球的落点离网更近，提高发球攻击性。在实践中，根据需要运动员可以击球的不同部位，使球体上旋、下旋、侧旋，形成不同的轨迹，使对方难以准确判断球的落点，提高发球效果。

(八)跳发飘球

1. 动作方法

跳发飘球，按是否持球助跑分为两种：持球助跑式和抛球助跑式。两种方法各有优点，抛球助跑式便于助跑起跳，而持球助跑式便于准确击球。

(1)抛球助跑式动作方法分以下五步：

①准备：队员站在发球区内既定的位置，面对球网站立，左手或双手持球于胸前，身体放松，两眼注视前方。

②抛球：用左手或双手把球抛于击球臂一侧肩的前上方，稍高稍远，便于助跑起跳挥臂时能继续沿着向前接近水平的方向用力加速。抛出的球不旋转，其高度是助跑起跳至最高点时离手掌约一臂的距离。

③助跑起跳：球抛出后，自然向球的方向跑动，待跑至球附近时，身体重心下降，膝部弯曲，两脚用力蹬地，同时两臂配合向上起跳。跳起后，背弓不能太大，击球臂上摆至与肩齐平或稍高于肩的

地方。

④空中挥臂击球：身体在空中利用收腹的力量，带动手臂快速向前挥动，当球上升至最高点或从最高点下落时，小臂突然向前加速挥动，并且掌根击球的后中部或中部稍偏下部，使作用力穿过球体中心。击球时，用力要猛，力量要集中，五指并拢或半握拳，手腕紧张且后仰，且做突停或下拖动作，击球前后的手型不变。

⑤落后缓冲：击球后，脚触地之时，屈膝缓冲，并迅速进入场地。

(2)持球抛球助跑式动作方法分以下六步：

①准备；②持球助跑；③抛球；④起跳；⑤空中击球；⑥落地缓冲。

2. 技术分析

(1)抛球要稳

应根据个人的特点，平稳地向上抛球，尽量使球不旋转。每次抛球的高度、位置和离身体的距离都应基本固定。忽高、忽低、忽左、忽右、忽近、忽远，都是影响发球准确性和攻击性的重要原因。

(2)击球要准

用掌根击球的后中下部，击球面积要小，手腕不能推压，击球动作短促有力，从而使用力方向和重心相一致。

(3)力量要适当

发球队员应根据自己站位的距离，发球的目标位置，发出球的性能，恰当地掌握好击球的力量，这是减少发球失误的一个重要方面。

四、发球的教学与训练

(一)教学与训练难点

以正面上手发球为例。正面上手发球技术动作结构一般可分为抛球、击球、用力三个环节。其中抛球是击球的先决条件，如抛球动作、位置、高度合适，则击球点和击球手法易稳定。从完成发球技术动作结构和发球效果看，抛球和击球是正面上手发球的教学训练难点。

（二）教学训练顺序

发球技术种类较多，技术动作难易程度差别较大，所以教学时应根据学习者性别、年龄及身体素质等情况来确定教学的先后顺序。一般情况下，通常先教下手发球，后教正面上手发球，最后教飘球和大力发球等。

（三）教学训练步骤

1. 讲解与示范

(1)讲解：首先讲解发球在比赛中的作用及教授的技术动作名称和技术特点；然后讲解发球的准备姿势与抛球方法及挥臂与击球的手法，最后提出下肢与腰腹协调配合用力的方法，反复强调抛球是发好球的前提，击球是关键，手法是保证。

(2)示范：在发球区先做侧面的发球完整动作示范，然后再做正面、侧面的分解动作示范，使学生看清楚抛球的高度，挥臂路线，击球手法，击球部位，下肢配合动作和击球时重心前移等动作，加深学习者对发球技术动作的直观感受。

2. 组织练习的顺序

徒手模仿练习⟶抛球练习⟶击固定球练习⟶抛球与击球动作结合的练习⟶巩固和提高发球技术的练习⟶结合教学比赛的实战发球练习

（四）练习方法

1. 徒手模仿练习

(1)全体学习者徒手模仿发球挥臂动作和抛球动作，体会发球用力顺序和挥臂的轨迹，掌握正确的挥臂方向和速度。

(2)徒手做抛球挥臂击球动作练习:即做好准备姿势,左手前上置于击球点位置,右手做挥臂击球练习(击在左手掌上),体会击球手法和击球部位,练习抛球、挥臂、击球动作的协调性。

2. 抛球的练习

(1)原地抛球手法练习:做抛球练习时,要求掌心向上平稳地托送球,练习正确的抛球手法,体会抛球的位置和高度。

(2)固定目标的抛球练习:每人一球站在网或墙边,利用球网或墙壁的适当高度作为标记,练习抛球的准确性。

(3)做抛球、抬臂和引臂的配合练习:体会抛球的位置、高度和振臂引臂的连贯动作。

3. 击固定球练习

(1)模仿发球挥臂动作击固定球练习:即一人双手持球置于腹前或头上,另一人做挥臂击球练习(不要将球击出),体会击球部位和手法。

(2)击固定球或吊球练习:即一手将球按在墙上,一手挥臂练习击固定球或将球吊在空中,练习挥臂击球,主要体会挥臂动作,击球手法,击球点和击球部位。

(3)两人对击练习:3 人一组,甲持球,乙丙面对面站立,做好发球的准备姿势,同时做击球动作击甲手中的球,体会挥臂击球时手臂发力的肌肉用力感觉。

4. 抛击结合练习

(1)抛球与挥臂击球练习:结合抛球、引臂和挥臂击球的练习(不把球击出),体会抛球引臂和挥臂击球动作的协调配合。

(2)对墙或挡网做抛球与挥臂击球练习:体会抛球与手臂挥摆的配合以及击球手法的用力。

(3)两人站立两条边线上对发练习:体会挥臂路线与正确的击球部位,或两人隔网对发球练习,体会控制球的力量与弧度。

5. 巩固和提高发球技术的练习

(1)巩固发球练习:3 人一组,发球与接发球者相距 6 米左右,另一人站在接发球者右前方做二传,3 人规定次数与组数交换。

(2)发球准确性练习:可将对方场区划分成左右或前后部分;或规定区域,进行点线(直线、斜线)结合的练习。

(3)发球攻击性练习:在准确性的基础上,降低发出球的弧度,加快发球速度,发力量重,飘度大,或向场地的"三角区",1、5 号边角处的发球练习。

6. 在比赛的条件下提高发球技术

(1)三人一组,轮流在 3 号位、2 号位扣球后,迅速跑到发球区发球。

(2)在前排拦网后迅速跑到发球区发球。

(3)发球后迅速进场防守。

(4)发球比赛。将队员分成人数相等的两组进行发球比赛,从统计看效果。

(5)在分组比赛或对外比赛中进行统计,检查发球效果。

(五)常犯错误与纠正方法(表 2-2)

表 2-2 发球技术常犯错误与纠正方法

技术	常犯错误	纠正方法
正面下手发球	1. 准备姿势太高 2. 抛球太高、太近或太远 3. 抛球与摆臂击球不协调 4. 挥臂方向不正、击球不准	1. 讲清概念,练习前做好准备姿势 2. 直臂抛球距身体一臂远,反复练习抛球动作 3. 反复结合抛球做摆臂练习 4. 击固定球或对墙发球练习

续表

技术	常犯错误	纠正方法
侧面下手发球	1. 抛球太高或偏离击球轨道 2. 抛球与摆臂击球不协调 3. 未用蹬转力量,带动右臂向前上方摆动	1. 直臂抛球距身体一臂远,反复练习抛球动作 2. 反复结合抛球做摆臂练习 3. 反复徒手做蹬转及挥臂路线练习
上手发球	1. 抛球偏前、偏后 2. 挥臂未呈弧形 3. 手未包满球,无推压动作 4. 用不上全身协调力量	1. 讲清抛球方法,固定目标抛球练习 2. 反复徒手做弧形挥臂或扣树叶练习 3. 对墙轻扣球,体会手包球推压动作,使球前旋 4. 掷小网球或用杠铃片或对墙平扣
上手飘球	1. 抛球时有屈腕动作,使抛出的球不平稳 2. 挥臂不呈直线 3. 击球不准,力量没通过球体重 4. 抛球与挥臂动作脱节	1. 多做固定目标的抛球练习 2. 做直线挥臂,或对墙击固定球练习 3. 用掌根硬部击固定球或击固定目标练习 4. 随教师口令节奏进行抛球挥臂练习
勾手大力发球	1. 抛球偏前、偏后 2. 挥臂动作不协调 3. 没有用上转体的力量	1. 固定目标抛球练习 2. 徒手做挥臂击球练习 3. 击固定球练习

续表

技术	常犯错误	纠正方法
大力跳发球	1. 抛球与助跑起跳脱节 2. 起跳空中手与球保持不好 3. 全手未打满球 4. 腰腹力量用不上	1. 多练抛球、助跑与起跳的配合 2. 跳起空中击吊球练习 3. 多扣抛向进攻线以后的球 4. 对墙连续扣反弹球或多扣远网球练习
跳发飘球	1. 抛球偏前、偏后 2. 抛球与助跑起跳脱节	1. 多做固定目标的抛球练习 2. 多练抛球、助跑与起跳的配合

（六）教学训练中应注意的问题

第一，发球技术教学应遵循由易到难，由简到繁，循序渐进的原则，在教学顺序安排上通常是先教下手发球，再教上手发球，最后教飘球、勾手大力发球及其他发球技术。

第二，教学中要抓住抛球动作与摆臂击球动作的协调配合，因为抛球是前提，击球是关键和难点。抓住抛球和击球这两个环节，强调抛球要平稳，挥臂动作迅速协调，击球准确。

第三，在发飘球教学中，教练应简单讲解球产生飘晃的原因和在动作上与发旋转球的区别，让学习者能主动思考发飘球的动作方法，体会击球用力的方向，手法和击球的部位。

第四，在发球教学中，教练要合理安排教学与练习的时间，每次课应保持一定时间的发球练习。一般可安排在两个大运动量练习之间，或安排在课的后段进行。

第五，在发球教学中，由于发球练习的形式比较单调，教练要不断变化练习的方法，提出具体要求，并将发球与接发球结合起来进行练习。

第四节 防守击球

一、防守击球概述

用双手、单手或身体的任何部位将对方的来球击起的动作叫防守击球。防守击球是气排球的主要基本技术之一,在气排球活动与比赛中占有重要地位。防守击球通常用于接发球、接扣球、接拦回球中,也可以用于组织进攻。

气排球由于球的体较大,重量较轻,球在空中飞行的速度较慢,特别容易受到气流的影响,重心点极其不稳定。只有通过加大击球面积克服球的稳定性差的状况。在长期的实践过程中,气排球运动者们发明产生了"抱"、"捧"、"托"等技术动作,有效地解决了防守击球时球体稳定性的问题。室内六人排球中的"垫球"技术在气排球中则主要用于接重球技术中。

二、防守击球的种类

防守击球主要有双手插托击球、抱球、捧球、单手托球、正面双手小臂垫球、背向小臂垫球以及其他辅助击球技术。

三、防守击球技术动作分析

(一)双手插托击球

双手插托击球是指面对来球,在腰部以下空间高度接球的技术。它的明显特征是:一手掌心朝上,五指朝前,另一只手掌心朝前,五指朝侧,两手在球的后下方形成一个与球相吻合的弧形。用于接发球和接各种攻击过网的球,它是气排球中特有的一项技术动作(图 2-12)。

1. 动作方法(以左手下右手上为例)

(1)准备姿势:面对来球,两脚开列与肩同宽,根据来球的速度和力量,呈半蹲或稍蹲姿势站立。

(2)迎球动作:当来球接近体前时,开始蹬地、伸膝、手指张开从腹前迎球。全身各部位动作应协调一致。

(3)击球手型、击球部位与击球点:双手形成一个与球体相吻合的弧形,一只手在球下,手我们称之为托球手;另一只手在球后,我们称之为护球手。触球时,两肘弯曲,托球手五指分开掌心朝前上且手指朝前呈勺型(手心空出不触球),用手指、指根触及球的后下部,护球手五指分开掌心朝向来球的方向且手指朝侧呈勺型,手指触球的后方。

(4)用力方法:在迎球动作的基础上,当手和球即将接触前,手腕和手指要有顺势后下展的动作,击球时,托球手手掌、手指给球体以撩拨动作,手掌手指的撩拨用力从球体重心的后下方通过,使球在向前上方抛起的同时产生上旋。

护球手同时翻顶球的中后部,利用托、翻、抬的合力将球传出。

1　　2　　3

图 2-12　双手插托击球

2. 技术分析

(1)准备姿势的运用要根据不同情况而有所变化。接一般的轻球,身体重心可稍高。接扣球和吊球时,应采用半蹲或低蹲准备姿势，两膝的弯曲度和重心的高低应根据来球的高度和角度以及腿部力量大小而定，要求在不影响快速起动的前提下，重心适当降低，这样有利于快速插入球下接低球。

(2)抱送球时，球离身体不宜太远或太近。击球点位置应使托球手保持大小臂自然弯曲于体侧为宜，这样利于充分保证手臂运动的幅度和角度，从而控制出球的方向、高度和落点。

(二)抱球

抱球技术是指将离身体较远的正面来球或低球接起的技术动作(图 2-13)。它的明显特征是：双手掌心相对，手腕自然下垂，五指自然张开，形成一个与气排球大小相吻合的弧形。

1　　2

图 2-13　抱球

1. 动作方法

(1)准备姿势：面对来球，两脚开列与肩同宽，根据来球的速度和力量，呈半蹲或稍蹲姿势站立。

(2)迎球动作：当来球接近体前时，开始蹬地、伸膝、手指张开从腹前迎出。全身各部位动作应协调一致。

(3)击球手型：两肘弯曲，上臂与前臂夹角大于 90°，双手位于腹前，两手掌心斜相对，两个大拇指的距离大于小拇指的距离，十指张开，呈弧形。

(4)击球部位与击球点

双手形成一个弧形(手心空出)，以手指和指根部触击球，左手击球的左后下部，右手击球的右后下部。

(5)用力方法：击球瞬间，两手托住来球左右后下部，靠手腕的抖动、手指的弹拨及抬臂的力量将球击出。

2. 技术分析：当来球时，双手要向来球的方向伸出。当手和球即将接触前，有顺势迎球的动作且两手形成一个弧底形。击球瞬间，两手托住来球的后下部，靠手腕的抖动、手指的弹拨、抬臂动作以及全身的协调发力将球捧出。击球点，一般位于腰腹高度的来球。

(三)捧球

捧球主要是处理速度较快的来球。其明显的动作特征是：双手掌心朝上，手十指张开且朝前，双手形成一个弧底形(图2-14)。

图 2-14　捧球

1. 动作方法

(1)准备姿势：

面对来球，两脚开列与肩同宽，根据来球的速度和力量，呈半蹲或稍蹲姿势站立，两肘弯曲，上臂与前臂夹角为90°左右，分别位于腰部两侧。

(2)击球手型：来球时，双手掌心向上，手指张开，十指朝前，形成弧底形，手指、手腕与前臂基本形成一个平面。

(3)击球部位与击球点：双手形成一个弧形，以全手掌触击球的下部。

(4)用力方法：双手捧球击球时，大臂夹紧身体，手指、手腕与前臂在一个平面上，靠手指、手腕与前臂上托的瞬间发力动作将球击出，其动作幅度较小。

2. 技术分析

准备姿势应采用半蹲或低蹲准备姿势，要求在不影响快速起动的前提下，重心适当降低，这样有利于快速插入球下。击球瞬间，两掌心插到球后部捧住来球，上臂要夹紧身体，手指、手腕与前臂要保持一定的紧张度，靠前臂、手腕手指力量击出来球，击出点一般在身体腹部前方。气排球捧球技术特别适用于接对方速度快的追身球。

(四)正面双手小臂垫球

正面双手小臂垫球技术与室内六人排球中的正面双手垫球技术相同，是指运动员用双手在腹前将球垫起的动作方法，适合于接气排球比赛中的各种重球。

1. 动作方法(图2-15)

(1)准备姿势：面对来球，成半蹲或稍蹲姿势站立。

(2)垫击球手型：两手掌根相靠，两手手指重叠，手掌互握，两拇指平行向前，手腕下压，两前臂外翻成一个平面。

(3)垫击球动作：当球飞到腹前约一臂距离时，两臂夹紧前伸，插入球下，同时配合蹬地、跟腰、提肩、顶肘、压腕等全身协调动作迎向来球，身体重心随着击球动作向前上方移动。

图 2-15　垫球

(4)击球空间位置:保持在腹前高度。

(5)球触手臂部位和击球部位:用前臂的手腕关节以上 10 厘米左右的两小臂桡骨内侧所构成的平面击球的后下部(图 2-16)。

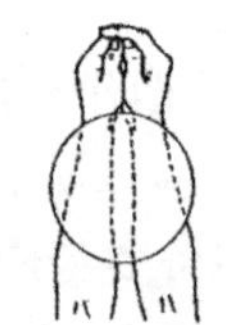

图 2-16　垫击部位

(6)击球后动作:在击球瞬间,两臂要保持稳定,耸一下肩往前送,身体重心继续协调地向抬臂方向伴送球。垫击动作结束后,立即松开双臂做好下一动作的准备。

2. 技术分析

(1)准备姿势的运用要根据不同情况而有所变化。接扣球和吊球时,应采用半蹲或低蹲准备姿势,两膝的弯曲度和重心的高低应根据来球的高度和角度以及腿部力量大小而定,要求在不影响快速起动的前提下,重心适当降低,这样有利于快速插入球下垫低球,也便于高点挡球。

(2)正面双手垫球的击球点位置应尽量保持在腹前高度,离身体不宜太远或太近,手臂触球的瞬间,耸一下肩往前送即可,这样便于调整手臂角度和垫出球的方向、落点。

(五)背向双手小臂垫球

是指背对垫击目标,从身前向背后双手垫击球的击球方法(图 2-17)。背向垫击球是在接应同伴起球后,球飞得较远而又无法进行正面击球时运用较多。其特点是垫击点较高,准确性稍差。

1. 动作方法

背向垫击球时，要判断好来球的方向，快速移动到球的落点处，背对垫出球的方向，两臂夹紧伸直。击球时，用蹬地、抬头挺胸、展腹和上体后仰的动作带动两臂向后上方摆动抬送，以前臂触球的前下方，将球向后上方击出。背向垫击球的击球点一般应在肩前上方。

图 2-17　背向双手垫球

2. 技术分析

(1)背向垫球中，应根据垫球目标的远近和不同的高度变化击球点的高低。如要垫出高远球时，可适当降低击球点；要垫出平弧度球时，应升高击球点。在无法调整击球点高度时，可利用腰部和手臂的动作来控制出球的高度和距离。若遇低远的来球，需要向后上方高处垫出时，可采用屈肘屈腕的动作，以腕部虎口处将球向后上方垫起。

(2)由于背向垫击球是背对击球的目标，不利于观察场上的情况和击出球的方向落点，要特别强调垫击球时的方位感觉，判断好球、网、目标三者之间的位置关系，才能提高准确性。

(六)单手托球

单手托球是处理离身体较远的球，主要是在来不及运用双手插托球、抱球、捧球和正面双手小臂垫球时采用(图 2-18)。其明显的动作特征是:掌心朝上,五指张开且朝前,形成一个弧底形。

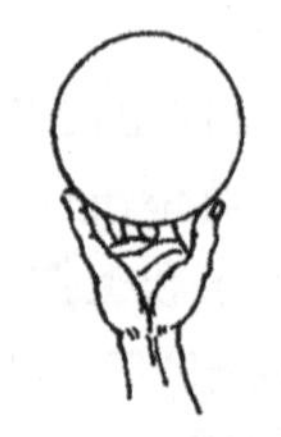
图 2-18　单手托球

1. 动作方法:单手托球时手掌心向上,五指张开且朝前,形成呈弧底形,以全手掌触击球的下部。手臂、手腕的动作幅度应根据来球力量的大小和击球的目标点来控制。

2. 技术分析:击球瞬间,手快速插入球下部,手指、手腕与前臂要保持一定的紧张度,手臂、手腕的动作用力大小和动作幅度都应根据来球力量的大小和目标点的位置来控制。

四、防守击球技术运用分析

防守击球技术运用于比赛的全过程,防守过程中不论是接发球还是接扣球抑或是接其他来球,来球都会因为击球者的击球力量、击球手法以及采用击球技术的不同而出现不同的特点,或轻或重,或下沉或晃动。因此运用的防守技术就有区别。下面我们就按接来球的特点进行技术分析:

1. 接轻球技术

接轻球技术主要采用双手插托球、抱球、捧球、单手托球等技术动作。一般运用于接下手发球、上手发球、接轻扣、吊球和处理球等。

当球离开对方手的瞬间判断来球球速不快或带有轻度飘晃时,接发球时,应注意观察,站位适当靠前,判断落点后,要快速移动取位,重心下降前倾,尤其是在接轻扣、吊球、接拦网触手的球和接拦回球时由于来球方向和落点的不固定,更强调准备与移动步伐的灵活运用。当来球高于胸部时采用抱球的技术动作或正面双手传球的技术动作,当来球低于胸部时采用抱球的技术动作将球接起。

2. 接重球技术

接大力发球、接重扣球主要采用双手插托球、抱球、正面双手小臂垫球等技术动作。

(1)接大力发球

大力发球的特点是力量大、速度快、旋转力强，但球的飞行轨迹较规律，容易判断。接大力发球的站位要适当靠近中场。因来球弧线低，接球时身体姿势要低。采用垫球技术时，由于来球力量过大，不要抬臂加力，对准球后手臂不动，耸一下肩往前送即可或采用抱球动作。

(2)接重扣球

接重扣球是接扣球防守技术的重点。由于来球力量大、速度快，接球前应保持较低的准备姿势和采取低姿势移动，要根据对方扣球队员及本方拦网的情况来判断扣球路线和落点，迅速移动卡位对准来球，稳定重心，尽量用插托球或正面双手垫球动作将球接起。如果来球离接球者有一定距离，接球者要立即运用移动步伐让人体迅速接近来球，以获取最佳的人球关系。不管运用何种接球技术，接重扣球时都要十分注意缓冲，以期提高到位率减少失误。

3. 接入网球

比赛中常有球因失去控制而飞入网内后反弹下落。要接好这种球，首先要判断准其入网的部位，掌握其反弹的方向、角度和落地点。接入网球的方法一般采用捧球技术或单手击球等击球技术。

球飞入网后，一般有三种反弹情况：

第一种是球飞入球网的上半部或从高处下落入网，多为顺网下落，反弹角度很小，速度快，落点靠近中线；第二种是球飞入球网中部，则稍有反弹，下落速度较上部入网球稍慢，落点仍靠近中线；第三种是球飞入球网下部，因球网底绳的作用，反弹现象明显，且有一定的高度和远度。

对上述第一、二种情况，因球下落速度快，落点靠近中线，比较难接，接球时要迅速移动到落点上，侧身对网，降低重心。在运用捧球技术时，双手要插入球下，手掌、手指给球体以撩拨动作。在运用垫球技术时，手臂插入球下，以屈肘翘腕动作将球垫起。第三种情况则重心不宜太低，待判断反弹落点后从容将球垫起。如果是第三次击球，一般采用抱球技术或捧球技术，要采用外侧臂抬高，用双手向上向侧兜球的动作，使球前旋飞过球网。

4. 其他击球技术运用

当来球速度快、突然性大，防守队员来不及移步、降低重心、伸臂击球和侧身让垫时，可采用身体其他部位来垫球。可以用身体任何部位包括脚去击球。

脚击球主要是当来球远而低、变化突然、时间短促，无法用其他击球技术时采用，属应急补救性技术动作。脚击球主要有脚背垫球和脚内侧垫球两种。

(1)脚背垫球

动作方法是以一脚为支撑，另一脚迅速向来球方向伸去，利用伸大腿、摆小腿的动作，使脚背插入球下。击球时，利用小腿继续上摆、脚踝上挑的动作，以脚背上部触球的下部(或侧下部)将球垫起。脚背垫球后，若身体失去平衡，可采用侧倒坐地或后倒坐地等动作进行自我保护。

(2)脚内侧垫球

动作方法与脚背垫球相似。但在击球时，脚尖要上翘，脚踝紧张，以脚内侧部位垫球的后下部。

五、防守击球教学与训练

(一)教学与训练难点

防守击球在比赛中主要用来接发球和接扣球。根据比赛的需要,防守击球技术可分为接发球垫球、接扣球垫球、接拦回球垫球和垫击二传球等。防守击球技术种类尽管繁多,但是在教学的开始阶段仍然要以抱球、捧球为重点,其教学训练难点是击球手型、击球点和击球部位。

(二)教学训练顺序

防守击球技术种类多,运用广,因此教学中要根据学习者具体情况和动作的结构难度,先易后难地安排教学。一般教学顺序是先学习原地正面防守击球技术,再学习移动防守击球和改变方向的防守击球。在此基础上再学习背向垫击球及其他部位的防守击球技术。

在初步掌握正面垫球技术的基础上,可进行传、垫结合与串联的练习。再掌握移动垫球后,可进行接发球和接扣球的练习。

(三)教学训练步骤

1. 讲解与示范

(1)讲解:教练首先讲解防守击球技术在排球比赛中的作用,技术特点和动作要领。重点讲解手型,击球部位,击球点,手臂角度及身体上下肢的协调用力动作。

(2)示范:教练先做垫球的完整动作示范,让学习者建立垫球技术的完整动作概念。然后再进行分解示范,也可以边讲解边示范,正面与侧面示范要结合运用,让学习者加深印象。

2. 组织练习顺序

徒手练习——→连续击球练习——→对墙击球练习——→两人互动

防守击球练习——→移动防守击球——→接发球练习——→接扣球练习——→结合教学比赛及各种串联练习。

(四)练习方法

1. 徒手模仿练习

(1)手型练习:徒手模仿练习,教师及时检查并纠正错误动作。

(2)结合球的练习。

(3)连续击球练习。

(4)对墙练习:学习者每人一球,距墙 2 米处连续对墙击球。要求击球手型,垫击点和击球部位正确,用力协调,控制球能力强。

(5)2 人一组击球互动练习。

2. 结合移动的垫球练习

(1)移动连续击球练习:每人一球,向左、向右、向前、向后移动击球。要求学习者在移动垫球时低重心移动正面垫球。

(2)2 人或 3 人一组,一人抛球,另一人或 2 人轮流向左、右、前、后移动击球。要求移动速度不宜太快,垫出的球要稍高,并控制好落点。垫球者尽量做到正对击球方向击球。

(3)3 人一组跑动击球或 4 人一组三角移动击球。要求击球人尽量移动到位,对正来球,把球准确击到位。

3. 结合接发球的击球练习

(1)2 人一组相距 7~8 米,先一掷一击练习,再过渡到一人下手发球或上手发球,一人接发球。要求接至假设的二传位置上。

(2)2 人一组,相距 9 米,一发一垫,或 3 人一组,一发两人轮流接发球。要求开始发球要稳,然后逐步拉长发球的距离,增加发球的难度。

(3)3 人隔网或不隔网,一发一击一传练习。要求发球准,接发球者积极移动取位把球击到传球队员的位置上,传球队员再将球传给发球人。

4. 结合接扣球、吊球的垫球练习

(1)2 人一组,一扣一防练习。要求接扣球者做好防守准备姿势,开始练习时扣球要稳,随着防守者逐步适应,可逐步增大扣球的难度。

(2)3 人一组,一扣一防一传练习。要求扣球队员扣、吊结合,防守队员相互配合,互相呼应,互相保护。

(3)轮流连续接扣球练习。由教师在网前扣球或在高台上隔网扣球。要求接扣球者在 5、6、1 号位连续接扣球练习。

(五)常犯错误与纠正方法(表 2-3)

表 2-3　防守击球技术常犯错误与纠正方法

技术	常犯错误	纠正方法
抱球	没有形成正确的手型,手型不是弧形,触球部位不准确,两手发力不协调	进一步示范、讲解,用抱球动作接球,体会手型,近距离的对墙抱球,体会手指触球
捧球	没有形成正确的手型,手型不是半球状,手指触球部位不准确	进一步示范、讲解,用捧球动作接球,体会手型,体会手指触球
插托球	没有形成正确的手型	进一步示范、讲解,用插托球动作接球,体会手型,体会手指触球
正面垫球	1. 屈肘、两臂不平,击球部位不对 2. 移动慢、对不正球 3. 没有蹬伸、抬臂动作,垫球时挺腹 4. 两臂用力不当,摆动幅度过大,动作不协调,用力过猛	1. 模仿练习,垫固定球,自垫发力练习 2. 移动抢救球,两臂夹球移动垫 3. 多做徒手动作,在其练习时教师用手控制其腰腹 4. 垫固定球,体会用力和协调发力,或近距离垫抛来的低球和连续自垫低球

（六）教学训练中应注意的问题

第一，防守击球教学应先在简单条件下进行练习，如原地徒手练习以及击固定球的练习，原地击一般弧度和落地比较固定的轻球，再进行移动击球练习。在学生击球动作基本正确，能初步控制击球的方向和落点后，再逐步加大练习的难度。

第二，发球、接发球是两个相联系的对立面，因此在教学与练习中应使两者紧密结合，互相促进，不断提高。接发球又是组织进攻的基础，应抓住控制球能力这个重点和难点反复练习，以提高手臂对球的控制能力。

第三，在接扣球技术教学中，应强调做好防守的判断，准备姿势，加强起动和移动步法的练习。要教会学习者观察和判断来球的方法，提高起动速度和移动取位的能力，防止只重视手法不重视步法的倾向。

第四，随着垫击球技术的不断熟练，要尽量结合攻防战术进行练习。如在防守练习中，垫球与拦网、保护、调整传球和反攻扣球等技术串联起来进行练习，这样既能提高技术的运用能力，又能培养战术意识和同伴间的默契配合。

第五节　传击球

一、传击球概述

利用全身协调力量并通过手指手腕的弹力，将球传至一定目标的击球动作称为传击球。传击球是气排球主要技术之一。在气排球活动与比赛中，传击球是气排球组织进攻的桥梁技术，也是防守击球与扣球的枢纽技术。好的传击球技术可以有效地组织进攻以达到克敌制胜的目的。

【知识窗】传球技术运用

传球是气排球运动的一项重要技术，它不仅是组织进攻战术的基础，更是防守反击的重要技术手段。在竞技排球的比赛中，传球技术多是运用在二传或调整传球，其主要目的是组织进攻。气排球比赛中则不然。由于气排球球体、场地的特点，传球技术不仅运用在二传，在接发球及防守过程中也频繁使用。对于飞行速度较慢的球来说，采用接触球面积较大的上手传球技术，可使传出的球较为稳当，同时无形中也加快了进攻的速度。

二、传击球种类

传击球按动作分类可分为：双手传击球、单手传击球和抱传球；按传球的方向分类可分为：正面双手传击球、侧面双手传击球、背向传击球；按用途分类可分为二传和其他（包括：一传、二传吊球、第三次过网击球）。

三、传击球技术动作分析

（一）双手传击球

1. 正面双手传击球

面对目标的传球称正面传击球。它是传击球中最基本的方法，是掌握和运用其他各种传击球技术的基础。

（1）动作方法（图 2-19）

①准备姿势：采用稍蹲姿势，上体稍挺起，仰头看球，两手自然抬起，屈肘，放松置于脸前。

②迎球动作：当来球接近额前时，开始蹬地、伸膝、伸臂，手指微张从脸前向前上方迎出。全身各部位动作应协调一致。

图 2-19　正面双手传击球

③击球点:在脸额前上方约一球距离处。

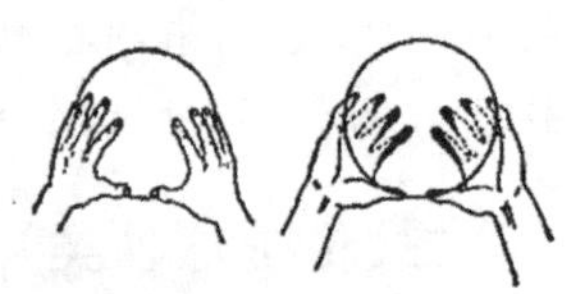

图 2-20　传击球手型

④手型:手触球时,十指应自然张开使两手成半球状,手腕稍后仰,以拇指内侧、食指全部、中指的二、三指节触球的后下部,无名指和小指在球两侧辅助控制球的方向。两拇指相对近"一"字形(图 2-20)。

⑤用力方法:在迎球动作的基础上,当手和球即将接触前,手腕和手指要有前屈迎球的动作,当手和球接触时,各大关节应继续伸展,最后用手指手腕的弹力将球击出。

(2)技术分析

①击球点:初学传球时,击球点尽量要求保持在前额的正前上方约一球距离处。其优点:一是便于在观察来球的同时也能看清手和传球的目标,有利于对准球和控制传球方向;二是便于全身协调用力,击球点与两肩保持相等的距离,有利于提高传球的准确性和稳定性;三是肘关节尚有一定弯曲度,便于继续伸臂用力,有利于变化传球的方向。如击球点过高或太前,则两臂已伸得太直,不便于向前上方发力做伴送动作;若击球点过低,则不便于运用全身的协调力量。

②指、腕的击球动作:手指、手腕灵巧的击球动作是传球技术

的难点,也是进一步提高控球能力的关键。手指手腕屈伸动作的大小和紧张度对传球的质量影响很大。触球前,手指手腕配合其他关节应有一个前屈的迎球动作,其动作要小,但要做得很及时,动作顺序应由手腕的前屈带动手指的前屈。传球时,手指、手腕应根据来球的速度和传球的距离,保持适当的紧张度。

③全身协调用力:传球主要是靠伸臂和指腕的反弹力,配合蹬地的力量。传球的动作从下肢蹬地到手指击球,由下而上要连贯协调,一气呵成。如果全身力量不协调一致,单纯以手臂和指腕动作来传击球或是全身用力不连贯,有脱节现象或用力与传球方向不一致,将直接影响传击球效果。所以初学者必须养成蹬地、展体、伸臂用全身协调的伸展动作来击球的习惯,并在这一基础上不断提高手指、手腕的控球能力和技巧。

2. 背向传击球

背对传球目标的传球称背向传击球。背向传击球是传球技术中的一种基本方法,在比赛中运用较多。

(1)动作方法(图 2-21)

图 2-21　背向传击球

①准备姿势:上体比正面传球时稍后仰双手自然抬起置于脸前。

②迎球动作:抬上臂、挺胸、上体后屈。

③击球点:在头上方,比正面传球略偏后。

④手型:与正面传球相同,但触球时手腕要稍后仰,掌心向上,拇指托在球下,击球的下部。

⑤用力方法:利用蹬腿、展体、抬臂、伸肘和手指手腕的弹力,把球向后上方传出。

(2)技术分析

①背向传击球时,下肢蹬地的方向是接近与地面垂直的,通过展体、挺胸、抬头的动作,使抬臂、伸肘、送肩的协调用力方向偏向后上方。因此,背传的击球点应保持在头上方的位置,这样更便于向后上方用力。

②由于背向传击球是与正面传击球完全相反的方向将球传出,因此,传击球时腕要始终保持后仰,手指手腕应向后上方抖动用力,其中拇指用力更多些。

③由于背向传击球时看不到传球的目标,因此,传球前必须先观察判断好传球的方向和距离,尽量使背部对正传球目标。同时,要重视运动员良好的方位感觉的培养。

3. 侧向传击球

身体侧对传球目标,在不转动身体的情况下,靠双臂向侧方传球的动作称为侧向传击球。

侧向传击球的准备姿势、手型及迎球动作同正面传球,但击球点应偏向传出方向一侧。迎球时,通过下肢蹬地使身体重心向上伸展,上体和双臂向传球方向一侧伸展。异侧手臂动作的幅度要大些,伸展的速度也应快些,以双臂和上体侧屈的协调动作将球传出。

(二)单手传击球

当来球与身体关系不太好或来球靠近网口时可用单手传击球技术。当一传球飞向二传时,队员靠近球一侧的手臂屈肘上举,手腕后仰,掌心向上,五指适当收拢,构成一个半球状手型托住球底部，用伸肘抖腕拨球的动作将球向上送出。单手传击球与防守的单手击球动作相仿(参见图 2-18)。

1. 动作方法

(1)击球手型：单手屈肘上举臂，手腕后仰，掌心向上，五指适当收拢，构成一个半球状手型。

(2)击球部位与击球点：用手指击球的后下部。

(3)用力方法：五指托住球后下部，用伸肘抖腕拨球的动作将球向上弹击送出。

2. 技术分析：击球时伸肘抖腕拨球的动作要协调，击球的部位可根据球的空间位置和目标点进行调整。

(三)抱传球

是指二传队员在传球取位的过程中，发现来球与身体位置不太好，且球又有一定高度时采用的组织进攻的方式。其动作特征是：一手掌心朝上，五指朝前，另一只手掌心朝前，五指朝侧，两手在球的后下方形成一个与球相吻合的弧形。动作与插托球及抱球动作相似(图 2-22)。

1. 动作方法(以左手下右手上为例)

抱传球的准备姿势与迎球动作用一般双手传球技术相同。在接触来球的瞬间，左手全手掌托在球的下部向前上方托送，右手同时翻顶球的中后部，左右手协调作用于球，利用托、翻、顶的合力将球传出。

2. 技术分析

首先抱传球时，球离身体不宜太远或太近。击球点位置应使托球手保持大小臂自然弯曲于体侧为宜，这样利于充分保证手臂运动的幅度和角度，从而控制出球的方向、高度和落点。

其次抱传球同样可以实现正面传球、侧传和背传的变化。正面抱传球时保持左手全手掌托在球的下部，右手位于球的中后部，且朝目标方向发力，身体发力方法同正面双手传球；侧传抱传球时左手全手掌托在球的侧下部，右手位于球的中后部，且朝目标方向发力，身体发力方法同侧传球；背向抱传球时保持左手全手掌托在球的前中下部，右手位于球的后中下部且朝目标方向发力，身体发力方法同背传球。

1　　2　　3

图 2-22　抱传球

四、传球技术的运用

(一)二传

传击球在组织进攻中一般是第二次击球，故称为二传。二传是从防守转入进攻的桥梁和纽带，二传的好坏直接影响着进攻技术和战术的发挥。二传质量好，可以弥补一传和防守的不足，还可用假动作迷惑对方、牵制对方，达到助攻的目的。有时还可用二传直接吊球，起到出其不意，攻其不备的作用。

1. 二传的特点

(1)网前传球多。二传队员在组织进攻时，绝大多数是在近网进行传球，传球前后的身体动作都受着球网的限制。为了避免触网和过中线犯规，移动、制动、转身和靠近球网一侧的肩、肘动作都要有一定的控制。要求二传队员移动取位要及时，身体平衡能力要强。

(2)移动、转身动作多。二传队员不论是后排插上传球，还是网前换位后的传球，以及拦网、扣球、保护后的接应传球，都需要移动、取位和转身。移动的目的是为了快速取位，做好传球准备；转身是为了对正传出球的方向，提高传球的准确性。

(3)身体位置和传球手法变化大。由于一传来球是不规律的，因此，二传队员必须根据来球的方向、速度、落点、弧度等具体情况，采用不同的身体姿势、不同的手法来对待，才能将球传到预定的位置，达到有效进攻的目的。

2. 二传队员的要求

(1)移动快，取位好。二传队员应根据一传情况，准确判断，及时起动，迅速移动到最佳的传球位置，作好传球的准备。这样，就可利用传球前的瞬间观察双方场上的情况，组织有力的战术配合。二传队员快速移动取位的能力，还可弥补一传的不足，提高二传的质量和进攻战术的组成率。

(2)传球手法好，应变能力强。二传队员应掌握在同一击球点位置上传出各种方向、高度和落点的球，做到"一点多线"。因此，要求二传队员必须掌握"送"、"压"、"抖"、"翻"等多种传球手法，使二传更具应变性、隐蔽性和攻击性。

(3)头脑冷静，视野开阔。二传队员在传球过程中应具有很好的环视能力，既要能看到本方队员的情况，又要能观察到对方的布局，思考好战术打法，做到知己知彼，胸有成竹，快速决断，对策有效。观察时机应在一传出手后，二传出手前。

(4)调整节奏，主动配合。二传队员应根据进攻队员的助跑起跳情况，主动调整变化传球的动作和节奏，积极进行配合。调整传球的方法有二：一是改变身体姿势，采用跳传、提高击球点、缩短二传距离等方法来加快二传节奏;采用下蹲传球、降低击球点、延长球的飞行时间等来放慢二传节奏。二是改变传球动作,采用加速伸臂或主动加快屈指、屈腕动作来缩短球在手中的停留时间以加快传出球的飞行速度;或放慢伸臂速度和适当放松手指、手腕,以加长球在手中的缓冲时间来放慢球的飞行速度。

(5)意志顽强,任劳任怨。二传队员是全队的核心、灵魂,必须做到在任何情况下,胜不骄,败不馁,冷静沉着,临危不乱,善于战斗,敢于胜利。还要有立足本职,任劳任怨,不计得失,甘当配角的精神,通力协作,为同伴创造良好的进攻机会。

3. 二传技术的运用

(1)正面二传:这是二传中最简单、常用的技术。当一传来球时,二传队员要适当控制传出方向,尽量保持正面传球,使球飞向最佳区域。正面二传可根据扣球手的需要和对方的拦网情况将球传高一点或低一点,拉一点或集中一点。

(2)调整二传:将一传不到位或离网太远的球,调整成便于扣球队员进攻的球,称为调整二传。在比赛中,场上每个队员都有做调整二传的任务。调整二传以传高、远球为主,所以要充分利用蹬地伸膝、伸臂及屈指腕的全身协调力量将球平稳传出。调整二传应根据扣球队员的位置来调整传球的角度、弧度和落点。传球路线与球网形成的夹角越小越利于进攻队员扣球。一般来说,调整二传时,传球的落点应在扣球队员的前方,离网不宜太近或太远,也不宜太拉开。

(3)背向二传:背向二传可利用球网全长,增加进攻点,使进攻战术更丰富,且有一定的隐蔽性和突发性。传球时,主要靠“手感”来控制传球的方向、速度和落点。背传拉开高球时,要充分利用蹬地、挺胸、展腹和向后上方提肩伸臂动作将球平稳传出。

(4)侧向二传:这种传球适应于一传来球近网或平冲飞向球网

的球。侧向二传可增加进攻的隐蔽性，有时还用来做二传吊球。侧向二传球难度较大，准确性较差。

(5)跳起二传：主要用于传网上高球和即将过网的一传球。在跳起二传时主要是要掌握好起跳时间，在身体上升到最高点时传球，尽量提高击球点。这样既可提高进攻节奏，还有利于两次球进攻。

(二)传球技术的其他运用

1. 一传

在接轻发球、接推送过来的球以及接吊球较高和拦回较高的球时，可采用传击球的方法，更能保证一传的准确到位。接速度较快的来球时，手指、手腕应保持适当紧张，接球时做好缓冲动作。接对方推过来或吊过来的高球以及拦起的高球时，可用正面上手传击球方法将球准确送到位，还可直接传两次球进攻，或突然直接将球快速传入对方空当。

2. 二传吊球

二传吊球是指二传队员在进行二传前的瞬间，突然改变传球动作和方向，将球传入对方空当。它是二传队员应该掌握的一项攻击性很强的传球技术。二传吊球可分为双手和单手两种。

(1)双手吊球：以侧传吊球效果更好。当迎球动作开始时，突然改用侧传或背传的动作，将球传向对方空当。传出的球弧度要低，应紧挨着球网上沿飞向对方，但是球在过网时一定要有明显向上的弧度。

(2)单手吊球：在双手二传动作开始前的瞬间，突然用一只手臂，五指稍并拢，向上托送球的下方，使球落入对方空当。单手吊球的击球点应稍靠近球网。

3. 第三次传击球

当第三次击球无法组织进攻时，常用传击球方式将球推向对方场区。传击球时,手指、手腕要适度紧张,用蹬地、伸膝、伸臂和压腕的动作,将球快速地传入对方空当或后场区,球在过网时一定要有明显向上的弧度。

五、传击球技术教学与训练

(一)教学与训练难点

以正面传击球为例。正面传击球动作是由准备姿势、迎球、击球、手型、用力5个动作部分组成。在这些动作中,最主要的,也是较难掌握的是触球时的手型。因为触球时手型正确与否直接影响手控制球的能力和传球的准确性,初学者只有掌握了正确手型才能保证正确的击球点和较好的运用手指、手腕的弹力。

(二)教学训练顺序

传击球技术动作方法较多,动作细腻,在教学安排中应作为主要内容,重点学习和掌握。其传击球的教学顺序是,先教一般正面双手传击球,然后依次教移动传击球,转方向传击球,背传击球,跳传击球,调整传击球等。教学时先学习原地传球,再学习顺网二传和移动中的传击球,最后学习各种战术传击球。

(三)教学训练步骤

1. 讲解与示范

(1)讲解:教练首先讲解传击球技术在比赛中的作用,然后讲解传击球技术的特点和动作要领。讲解内容的先后顺序一般是:脚的站法,下肢姿势,身体动作,手型,击球点,触球的部位,迎击球的动作用力方法等。

(2)示范:教练先做完整传击球动作的示范,然后再做分解示范,也可边讲解边示范,或重点示范传球的关键技术环节,也可结合正面示范、侧面示范进行教学。

2. 组织练习顺序

原地模仿练习⟶原地传球练习⟶移动传球练习⟶转方向传球练习⟶背传练习⟶调整传球练习⟶跳传练习。

（四）练习方法

1. 徒手模仿练习

（1）原地模仿练习：徒手做传击球准备姿势，听教师的口令依次做蹬地、展体、伸臂击球动作练习。重点体会传击球前的准备姿势，身体协调用力的动作和传击球的手型。

（2）原地传击球模仿练习：重点让学习者体会触球手型，击球点位置和身体协调配合动作及传击球用力的全过程。

（3）两人一组，一人做好传击球的手型持球于脸前上方，另一人用手扶住球，持球者以传击球动作向前上方伸展，体会身体和手臂的协调用力。要求另一人纠正持球者的手型及身体动作。

2. 原地传击球练习

（1）每人一球，自己向额前上方抛球：做好传球手型在击球点位置将下落的球接住，然后自我检查手型。

（2）原地自传练习：要求把球传向头上正上方，传球高度离手1～1.5米。连续传30次为一组。

（3）对墙自传球练习：要求距离墙50厘米左右连续对墙自传球，体会正确的手型和手指手腕用力的肌肉感觉。

3. 移动传击球练习

（1）每人一球行进间自传球练习：要求传球手型正确，移动迅速，保持正面传球。

（2）每人一球向左、右、前、后移动传球练习：要求自传一次高球，再传一次低球，提高控制球的能力。

（3）两人一组，一抛一传球练习：要求抛者向左、右、前、后抛球，传球者根据来球快速移动传球。

4. 背传击球练习

(1)每人一球,自抛背传击球练习:要求将球抛到头上,两手腕后仰,掌心向上,依靠蹬地,展体,抬臂,伸肘动作把球传向后上方。

(2)3 人一组,背传击球练习:3 人各相距 3 米左右,两边人抛球或传球,中间人背传球。要求同上。

5. 调整传击球练习

(1)两人一组相距 6 米在网前,用调整传击球动作传高弧度球练习:要求利用蹬腿,伸臂动作传球。

(2)移动调整传击球练习:4 号位队员传一般球至 5 号位,5 号位队员传球到 6 号位,1 号位队员移动至 6 号位将球调整到 4 号位。要求依次循环练习。

6. 跳传击球练习

(1)每人一球,对墙连续跳传球练习:要求掌握好起跳时机,在空中保持好身体平衡,靠快速伸臂动作将球传出。

(2)两人一组,连续面对跳传球练习:要求同上。

(五)常犯错误及纠正方法(表 2-4)

表 2-4 传击球技术常犯错误与纠正方法

技术	常犯错误	纠正方法
正面传击球	击球点过高、过低	1. 做各种步法移动后接传球,保持在脸前接住球,提高判断、选位能力 2. 传固定球,体会正确的击球点 3. 自传或对墙传球练习
	手型不正确,大拇指朝前,手型不是半球状,手指触球部位不准确	1. 进一步示范、讲解 2. 用传球动作接球,体会手型 3. 近距离的对墙轻传,体会手指触球
	手指手腕弹击力差,有拍打动作	1. 做手指手腕的力量练习 2. 用足球、篮球做传球练习,增加指腕力量 3. 多做平传球练习、远传练习

续表

技术	常犯错误	纠正方法
移动传击球	取位不及时，对不准来球，人与球关系不合适	1. 结合移动步法接球 2. 学会上体移动重心，上体能前后左右倾斜的传球 3. 多做平传练习，保持正面击球
背传击球	击球点不正确，过前或过后	1. 强调击球点宁前勿后，保持正面传球的击球点 2. 做自抛向后传球 3. 做弧度高低结合的自传球练习
	用力不协调，不会后仰、展胸、翻腕、大拇指上挑	1. 移动对准球，保持在头上的击球点 2. 背传时强调蹬腿、展胸、抬臂、翻腕上挑动作 3. 在击球点较低的情况下练习背传
跳传击球	选择起跳点不准确，人与球关系保持不好	1. 多做原地起跳和移动起跳练习 2. 提高判断能力，选择合适的起跳点 3. 传不同距离和弧度的来球，保持良好的人与球关系

（六）教学训练中应注意的问题

第一，传击球采用完整教学法，首先建立传击球技术动作的完整概念。教学时，应先着重于手型、击球点和用力的准确与协调练习，然后逐步过渡到手指手腕的弹击和控制球的能力练习上。

第二，教学中尽量采用触球次数多的练习，并在初学阶段就结合近距离移动的传球，以利于形成正确的击球点和手型，为学生进一步学习难度较大的传球打下良好的基础。

第三，教学时自始至终要强调正确手型、正确的击球点和协调用力 3 个环节。同时还要注意指出典型易犯的错误动作，以便学生在学习过程中进行正、误对比。

第四，从心理方面讲，初学者一般怕戳手，怕弧度高、力量大和速度快的来球。因此，要从解决手型入手，从易到难，循序渐进。多传近距离、低弧度和速度慢的球，避免学习者手指局部负担过重，减轻心理压力。

第六节　扣　球

一、扣球概述

队员跳起在空中，用一只手或手臂将本方场区上空高于球网上沿的球击入对方场区的一种击球动作叫扣球。

扣球是气排球的基本技术之一，也是气排球技术中攻击性最强的一项技术，在比赛中占有十分重要的地位。扣球是得分的主要手段，是一个队争取主动，摆脱被动，鼓舞士气，抑制对方的最积极有效的武器。因此，扣球的水平，最能体现一个队的进攻质量和效果，是取胜的关键。扣球的攻击性主要是由于它具有击球点高、速度快、力量大、变化多的特点，可以扣出各种不同性能、不同时间、不同角度、不同落点的变化球，使扣球具有进攻威力。

气排球扣球技术随着气排球运动的发展而不断创新和提高。扣球的发展特点主要体现在几个方面：打破队员位置分工的限制，每个队员既是接球手同时也是扣球手，充分利用网长和纵深，更多运用变向、变步的助跑起跳方法，使扣球技术向着高度、速度、力量方向发展。

二、扣球的种类

扣球技术按动作可以分为：正面扣球、勾手扣球；按区域不同可分为：后排左、后排中、后排右扣球；按起跳方法可分为：原地、双脚助跑起跳、单脚助跑起跳、冲跳扣球。

三、扣球技术的分析

(一)两步助跑起跳正面扣球

两步助跑起跳正面扣球是气排球扣球技术中最基本的一种方法。由于面对球网,便于观察,准确性较高,加之正面扣球挥臂动作灵活,能根据对方防守情况,随时改变扣球的路线和力量,控制落点,因而进攻效果较好。初学者必须掌握好正面扣一般球后,再学习其他扣球技术。现以两步助跑,右手扣球为例来分析其动作方法和技术要领。

1. 动作方法(图 2-23)

图 2-23　正面扣球

(1)准备姿势:扣球助跑前采用稍蹲姿势,两臂自然下垂,站在离网 3 米左右处,身体转向来球方向,观察来球,做好向各个方向助跑起跳的准备。

(2)助跑:助跑开始时,左脚先向前迈出一步,紧接着右脚再快速跨出一大步,左脚及时并上,踏在右脚之前,两脚尖稍向右转。两臂绕体侧向上引摆。

(3)起跳:在助跑跨出最后一步(即第二步),左脚并上踏地制动的同时,两臂自后积极向前摆动,随着双腿蹬地向上起跳,两臂配合起跳有力地向上摆动。

(4)空中击球:起跳后,挺胸展腹,上体稍向右转,右臂向后上方抬起,身体成反弓形。挥臂时,以迅速转体、收腹动作发力,依次带动肩、肘、腕各部位关节向前上方成鞭甩动作挥动(图 2-24)。击球时,五指微张,以掌心为主,全掌包满球,在手臂伸直最高点的前上方击球的后中部,同时主动用力屈腕屈指向前推压,使扣出的球呈上旋(图 2-25)。

(5)落地:落地时,以两脚前脚掌先着地再迅速过渡到全脚掌着地,同时顺势屈膝、收腹,以缓冲下落的力量,立即做好下一个动作的准备。

图 2-24　挥臂动作　　**图 2-25　推压动作**

2. 技术分析

(1)助跑:助跑的目的,一是为了接近球,选择恰当的起跳点;二是利用助跑的水平速度配合起跳,起到增加弹跳高度的作用。

①步法:助跑的步法种类很多,主要有一步、两步;有向两侧的跨跳步和并步法;有原地踏跳步和后撤步等。步法的运用要因球而异,因人而异,力求灵活,适应性强。但无论采用几步助跑,第一步要小,最后一步应大。现以两步助跑右手扣球为例,分析如下:

第一步:以左脚向来球的落点方向自然迈出,其主要作用是确定助跑方向。第一步应小,但要对正上步的方向,使静止的身体获得向前起动的速度，故有方向步之称。

第二步：步幅要大，步速要快，使支撑点落在身体重心之前，身体后倾，重心自然后移和降低，从而有利于制动。第二步即最后一步，要以右脚的脚跟先着地，再过渡到全脚掌着地，这样有利于制动身体的前冲力，增加腿部肌肉的张力，提高弹跳高度。这一步起着调整身体与球的距离、决定起跳点的重要作用。

②助跑的路线：由于二传来球的落点不同，扣球队员助跑的方向和路线也不相同。以 4 号队员扣球为例，其主要的助跑路线向前、向侧、向后三种。

(2)起跳

①起跳的步法：助跑的最后一步称为起跳步，它既是助跑的结束步法又是起跳的准备动作。常用的起跳步法有两种：一种是并步起跳，即一脚跨出一大步后，另一脚迅速向前并步，随即蹬地起跳。这种方法便于调整起跳时间，适应性强，制动效果好，身体重心易保持稳定，但对起跳高度稍有影响。另一种是跨跳步起跳，即一脚跨出一大步的同时，另一脚也跟着跨出去，双脚有一个腾空的阶段，两脚同时着地，蹬地起跳。这种方法能利用人体下落的重力加速度，增加弹跳高度，但不便于加快助跑速度，易影响起跳节奏，不利快攻起跳。

②起跳的位置：一般应选择在距离球一臂之远的位置起跳。这样才能保持好身体和球合理的位置关系，便于充分发挥全身的协调力量，保持较高的击球点。

③起跳的摆臂：起跳时的手臂摆动一般有两种方法。一种是划弧摆臂：方法是以肩关节为轴，两臂经体侧向后再向前上方划弧摆动。这种摆臂可根据需要来变化划弧的大小，动作连贯协调，便于调整摆臂速度和节奏，适应性强，运用较普遍。另一种是前后摆臂：方法是两臂由体前先向后摆动，然后再由后向前上方直接摆

动，这种摆臂振幅较大，摆动较有力，有利于提高弹跳高度，但因动作大，使空中的转体动作不便，对及时快速起跳有影响。

(3)空中击球

①挥臂方法：当起跳身体腾空后，左臂摆至身体前方，协助保持上体的空中平稳。此时，击球手臂应屈肘置于头侧，肘高于肩，身体成反弓形。挥臂前合理的屈肘动作，可以缩短挥臂时以肩为轴的转动半径，减少转动惯量，提高挥臂的初速度。随之边挥臂边伸肘，加长转动半径，增加挥臂的线速度。在挥臂转动的角速度不变的情况下，上臂甩得越直，挥动半径越大，线速度也越快，扣球越有力。这种挥臂方法，既能扣高弧度球，也能扣低、平弧度球，适应范围较广。

②击球动作：击球时，要求击球的手有巨大的动量和速度，而扣球中全身协调的击球力量是由于手臂的鞭打式动作，最后通过手腕的甩动和加速，由全手掌作用于球体的。因此，只有用全手掌击球，手腕关节才能很好地参与整个鞭打动作，传递并加大击球的力量。

③击球点：扣球的击球点应在起跳最高点和手臂甩直的最高点的前上方。也可利用击球点附近的垂直空间和水平空间来扩大击球范围，增加扣球路线和角度的变化。

(二)单脚起跳扣球

单脚起跳扣球是指助跑的最后一步以单脚踏地，另一只脚直接向前上方摆动帮助起跳的一种扣球方法。单脚起跳扣球在气排球比赛中常常用于战术进攻及处理球的扣球。单脚起跳由于第二只脚不再落地面直接上摆，且起跳腿下蹲较浅，因而它比双脚起跳动作快 0.2 秒左右。还由于它能充分利用助跑速度，加上右腿积极上摆的协调动作，比双脚起跳冲得更远，跳得更高。所以它既能高跳扣定点高球，又能追球起跳扣低弧度球，有利于控制时间和空间，这对突破和避开拦网有较大作用。单脚起跳扣球，可采用一步、二步或多步助跑。助跑的路线与球网的夹角宜小，以免造成前冲力过大而碰网或过中线犯规。助跑到最后，以左脚向扣球点位置跨出一大步，身体重心稍后倾，在右脚向上摆动时，左脚用力蹬地起跳，两臂积极配合上摆，起跳后的扣球动作与正面扣球基本相似(图 2-26)。

图 2-26　单脚起跳扣球

(三)冲跳扣球

冲跳扣球是气排球常用的主要扣球技术之一。冲跳扣球技术动作结构与正面扣球动作基本一致。但因必须在进攻线(2 米)后起跳，需要利用向前冲跳缩短与网的距离。冲跳扣球步频快，距离长，速度快，无须制动和深蹲，助跑步数一般多为两步和三步。起跳时的主要技术特点是：起跳时双腿稍蹲，两只脚拉开一定的距离，两臂在体侧要主动向前摆动；起跳后抬头，挺胸，上体前倾，手臂上举。击球时，右臂前上方手臂伸直至最高点用全掌击球后中部，同时用手腕推压动作使球加速上旋飞行。

(四)勾手扣球

气排球扣球技术之一。是起跳后侧对球网，运用勾手动作挥臂击球的一种扣球技术。勾手扣球能适应远网球及后排传来的调整球以改变击球时间和路线，增加击球点，扩大进攻面，并能弥补助跑过早冲到球前的缺点，是一种行之有效的扣球技术。动作为(以右手扣球者为例)：助跑的最后一步使左肩转向球网，起跳后上体稍后仰，向右扭转，击球臂上提至体侧，击球时像勾手大力发球一样以迅速转体收腹来带动手臂从体侧向前上方快速挥动，手臂充分伸直，在最高点全掌击球，触球时手腕用力勾住球向下甩。由于该技术对身体素质的要求较高，变化较少，动作较复杂，故目前在比赛中较少采用，但随着比赛水平的提高，这项技术的运用有增多的趋势。

四、各种扣球技术的运用与动作方法

(一)两步助跑起跳扣一般球

1. 两步助跑起跳扣一般球

这种扣球的特点是击球点高，路线变化多，威力较大，但对方易拦网。动作方法是：起跳后，抬头挺胸，手臂后拉幅度应稍大，但上体不宜后仰过大。主要利用猛烈的含胸动作发力，以肩为轴，向前挥动手臂，以上臂带动前臂，加强屈肘和甩腕动作，以全掌击球的后中上部。在比赛中，两步助跑起跳扣一般球是扣球的主要运用技术。

2. 冲跳扣球

击球点距网1米左右的扣球为冲跳扣球的最佳区域。这种扣球的特点是击球点偏前，路线变化少，速度快，对方不易拦网。动作方法是：起跳时双腿稍蹲，两只脚拉开一定的距离，两臂在体侧要主动向前摆动；起跳后，抬头挺胸，上体前倾，手臂后拉幅度小，主要利用甩前臂动作发力，以肘为轴，加强屈肘和甩腕动作，以全掌击球的后中上部。在比赛中，冲跳扣球主要在主动进攻的情况下运用，由于其速度快，常常会产生出其不意的进攻效果。

(二)原地或一步起跳扣一般球

在气排球扣球中,原地和一步起跳扣一般球的运用比较多。这种扣球主要动作特点是采用快速起跳方法,能够比较好地选择扣球的时机,对各种二传球适应广泛。动作方法是:原地或并步起跳,即原地踏跳或一脚跨出一大步后,另一脚迅速向前并步,随即蹬地起跳。动作方法的关键是快速起跳,选择适宜的起跳时机,找准起跳点。

(三)调整扣球

扣从后场区调整传到进攻线附近的球为调整扣球。由于后场区调整传球的方向、弧度、落点不同,要求扣球队员灵活地运用各种助跑起跳方法(如多步、一步、原地踏跳、倒跨步、后撤步等),调整好人与球的距离,采用不同的击球手法,控制扣球的力量、路线和落点。在助跑时应侧身看球。若球与网夹角小,应后撤斜线助跑;若球与网夹角大,则应外绕助跑。在比赛中,调整扣球的数量比较多,掌握好调整扣球的技术对提高得分能力降低失分有重要作用。

(四)后排扣快球

扣球队员在前排二传队员体前扣快球叫后排扣快球。这种快球一般在一传到位的情况下进行,动作方法与正面扣球大致相同,特点是二传距离短、速度快、节奏快,因而实扣效果和掩护作用好。

助跑路线宜与球网保持45°～60°之间的夹角。助跑起动时间较早,跑速要快,一般是随一传球同时跑到进攻线。在二传队员传球出手时或出手前瞬间快速起跳。要浅蹲快跳,以便于加快起跳速度,跳起在空中等球。击球手臂后引动作要小,主要利用含胸、收腹的动作,带动前臂和手腕快速鞭打式挥动,用全掌击球的后中上部。

（五）后排左或右扣平拉开球

指在前排左或右标志杆后 1.5 米左右区域，扣二传队员在前排右和前排中之间近网传过来的快速平弧度球。这种扣球速度快，进攻区域宽，有利于摆脱对方的集体拦网。在二传队员传球时，扣球队员开始作外绕助跑，待二传队员传球出手后，扣球队员快速助跑起跳扣球。

（六）扣球技术在运用中的变化

1. 转体扣球

在起跳或击球过程中，改变上体方向的正面扣球称转体扣球。转体扣球与正面扣球的动作方法大致相同，主要区别是将击球点保持在左侧前上方。击球时，队员在空中利用向左转体和收腹的动作带动手臂向左挥动，以全手掌击球的右侧上方来改变扣球的方向。

2. 转腕扣球

扣球队员在击球时，突然利用肩、前臂和手腕的转动动作来改变扣球的路线称为转腕扣球。

（1）向外转腕扣球

扣球时，起跳动作与正面扣球相同，但击球点应保持在右肩前上方。击球时，右肩上提并稍向右转，前臂向外转，手腕向右转甩动，同时上体和头部向左偏斜，以全手掌击球左侧上方，击球时肘关节应伸直以加快挥臂的速度。这种扣球在后排三个位置都可运用。

（2）向内转腕扣球

扣球时，击球点应保持在头的左前上方，前臂内转，手腕向左甩动，以全手掌击球的右侧上方。这种扣球主要用于后排右和后排中扣斜线球。

3. 打手出界

指扣球队员有意识的使扣出的球触及拦网队员的手后飞出界外的扣球方法。当球传到两侧标志杆进攻线附近上空时，号位队员击球瞬间，运用向内或向外转腕的动作，击球的后侧上方，使球触及拦网者外侧手后飞向界外。

此外，还可将球扣在拦网者的手指尖上造成出界。扣这种球时，扣球队员要对准拦网者的手指部位用力向远处击出平冲球，使球触及对方手指后飞向端线外。

4. 轻扣球

指扣球队员佯作大力扣球，而在击球前瞬间突然减慢手臂挥动速度，将球轻轻击入对方空当的一种扣球方法。轻扣球的助跑、起跳、挥臂动作应与重扣球一样逼真，但在击球前瞬间手臂挥动速度突然减慢，手腕放松，用全掌包满球，大力向前上方推搓，使球从拦网者手上呈弧线落入对方空当。

5. 轻吊球

指扣球队员以轻巧灵活的单手传球动作，使球避开或越过拦网者的手落入对方场地空当的一种击球方法。扣球队员起跳后佯做扣球，然后突然改变动作，以单手传球的手法击球的后下方或侧后下方，将球吊入对方空当。击球时，手臂应尽量伸直，争取高点击球。

五、教学与训练

(一)教学与训练难点

以正面扣球为例。正面扣球是扣球中的一种最基本方法。在正面扣球的几个动作环节中，选择好起跳点及起跳时机，保持好人与球的关系是扣好球的基础，挥臂击球是完成扣球动作的关键环节。抓好起跳及击球这两个正面扣球的教学难点对学生学习正面扣球至关重要。

(二)教学训练顺序

学习者在初步掌握垫球,传球及正面上手发球之后再学习扣球技术。正面扣球技术是其他扣球技术的基础,教学中应首先学习,在此基础上再学习其他扣球技术和战术扣球。扣球技术比较复杂,初学时较难掌握,所以在教学时宜采用分解教学法,将助跑、起跳和扣球挥臂环节分别进行学习,待学习者掌握后,再用完整教学法教授扣球的完整动作。

扣球教学应先学习后排左扣一般高球,然后学习后排右扣一般高球,在此基础上再根据学生水平学习中间位置扣半快球,快球,以及调整扣球技术等。

(三)教学训练步骤

1. 讲解与示范

(1)讲解:教练首先讲解扣球技术在排球比赛中的作用,技术方法与动作要领。在初步掌握技术动作后,再进一步讲解助跑节奏、时机、起跳点的选择,击球点及手掌包满时的鞭甩动作等。

(2)示范:教练首先做完整扣球技术的示范,让学生建立完整、直观的动作概念。然后做分解示范(可徒手,也可以结合球),关键环节放慢示范速度,必要时也可边讲解边示范,重点突出动作要领和关键。教师示范扣球时,力量要适当,动作要轻松,效果好。要引导学生观察技术动作的结构,挥臂动作的发力,击球的手法,球飞行的路线,弧度与旋转等。

2. 组织练习顺序

助跑起跳练习──→挥臂击球练习──→原地自抛自扣练习──→助跑起跳扣抛球练习──→后排左完整扣传球练习。

（四）练习方法

1. 助跑起跳练习

(1)原地双脚起跳练习：全体学习者听教练口令练习原地起跳技术。要求双脚蹬地力猛快速，两手臂配合划弧摆动起跳，顺势扣球手臂上举，后引，抬头，展腹，身体成反弓形，落地时双脚前脚掌过渡到全脚着地，屈膝缓冲。

(2)一步或两步助跑起跳练习：集体听教练口令做一步或两步助跑起跳。要求练习速度由慢到快，手脚配合协调，注意控制身体平衡。

(3)学习者分别站在进攻线后，听教练口令向网前做两步助跑起跳练习，在此基础上再学习多步助跑，变方向助跑和跑动起跳。要求学习者注意助跑起跳的节奏和起跳点位置的选择。

2. 扣球挥臂动作的击球手法练习

(1)徒手模仿扣球挥臂练习：按规定的队形听教练口令做挥臂练习。要求挥臂放松自然，弧形挥动，有鞭甩动作。

(2)扣固定球练习：扣吊球；或两人一组，一人双手持球高举，另一人原地扣固定球；或自己左手举球，右手做挥臂击球练习。要求击球时全手掌包满球，做快速鞭打动作。

(3)自抛自扣练习：每人一球，距墙 5 米左右先抛一次扣一次，然后连续对墙扣反弹球，或两人面对相距 6～7 米对扣，也可在低网上自抛自扣等。要求击球力量不宜过大，动作放松，手腕有推压鞭甩动作，使击出的球成上旋飞行。

(4)扣抛球练习：两人或多人一组，一人站在距墙 5 米处抛球，另一人或多人依次对墙扣抛球。在低网前的一抛一扣练习，或在低网前轮流扣教练的抛球练习。要求抛球距离有近有远，弧度由低到高，扣球者选好起跳点，保持好击球点，挥臂击球手法正确。

3. 完整扣球练习

(1)扣球练习:扣球者每人一球,先将球传给前排中队员,再由前排中队员把球抛或传给扣球人,扣球者上步助跑起跳扣球。要求掌握好上步起跳时机,在空中保持好人与球网的位置关系。

(2)结合一传的扣球练习:接对方发的轻球,垫给二传,然后二传把球传给扣球人,由扣球队员助跑起跳扣球。要求以中等力量扣球,注意正确的挥臂击球手法,选好击球点,防止触网或过中线犯规。

(五)常犯错误与纠正方法(表 2-5)

表 2-5　扣球技术常犯错误与纠正方法

技术	常犯错误	纠正方法
正面扣球	助跑起跳前冲,击球点保持不好	1. 进一步讲解,并多做助跑起跳练习 2. 做限制性练习,如设置障碍物起跳,地上划出起跳点与落点 3. 扣固定球,接垫球,一步起跳扣球
	上步时间早,起跳早	1. 以口令、信号限制起动起跳时间 2. 固定二传弧度练习扣球
	击球手法不正确,手未包满,击出的球不旋转	1. 击固定球,对墙平扣、打旋转 2. 低网原地扣球练习 3. 练习手腕推压、鞭甩动作
调整扣球	撤位慢,助跑不外绕,影响选择起跳点	1. 多做快速撤位,快速上步的助跑起跳练习 2. 多做防守后再外绕助跑起跳扣球
	人球关系保持不好,手控制球能力差	1. 做自抛自扣高球练习,保持好人与球的关系 2. 提高手腕推压技术,对墙、隔网扣平球练习

(六)教学训练中应注意的问题

第一,扣球技术是学习者最感兴趣的技术,学习者的积极性都比较高,但他们的注意力往往会集中在扣球效果上,而忽视对正确扣球技术动作的掌握,在教学中应注意引导学习者掌握正确的扣球技术动作,为其他扣球技术的学习打好基础。

第二,扣球教学中,应重点抓好助跑起跳和正确的击球手法练习,解决好人与球的位置关系。初学时,应加强分解动作练习,并适时地与完整动作练习相结合。对于扣球技术的重要环节,必须进行反复、系统地强化练习。

第三,在教学课中,扣球教材的安排,尤其是上网扣球,最好安排在传、垫球技术练习之后。因为在扣球练习时学习者的积极性高,如安排在课的前段对其他技术的学习有影响。

第四,初学者上网扣球时,应由教练或技术水平较好的学习者担任二传,以便使初学者掌握助跑起跳的时间和起跳点,尽快正确掌握扣球技术。

第五,为了教学方便,对扣球教学练习的总体要求要先徒手扣,后用球扣;先抛扣,后传扣;先轻扣,后重扣;先远网,后中网;先扣高球,后扣快球。

第七节　拦　网

一、拦网概述

靠近球网的队员,将手伸向高于球网处阻挡对方的来球,并触及球,称为拦网。拦网是气排球运动的基本技术之一。

就防守而言,拦网是气排球比赛中的第一道防线,就气排球攻防转换看,拦网也是第一道进攻线。目前,在气排球比赛中网上精彩激烈的争夺战就是在扣球与拦网这一对矛盾中展开的。高水平的气排球比赛，如果没有强有力的拦网，后排防守将是非常困难的。拦网不仅可以将对方的扣球拦回、拦起，减轻后排防守的压力，而且可以直接将球拦死，使之成为得分的重要手段。此外，拦网还能干扰和破坏对方进攻战术的组织，削弱对方进攻的锐气，动摇对方的信心，给对方造成心理上的威胁。因此，拦网水平的高低，直接影响着比赛的胜负。拦网技术的提高和创新，对促进气排球运动的发展有着重要的作用。

二、拦网的种类

拦网技术按人数可以分为：单人拦网、双人拦网、三人拦网；按运用与变化可以分为：原地拦网、移动拦网、拦强攻、拦快攻、拦远网攻等。

三、拦网动作分析

(一)单人拦网

1. 动作方法(图 2-27)

(1)准备姿势：队员面对球网，两脚左右开立，约与肩同宽，距网 30～40 厘米，两膝微屈，两臂屈肘置于胸前。

图 2-27　拦网

(2)移动：常用的步法有一步、并步、交叉步、跑步等。无论采用哪种移动步法，都要做好制动动作，以保证向上起跳，避免触网和冲撞同队队员。

(3)起跳：原地起跳时，两腿屈膝，重心降低，随即用力蹬地，两臂以肩发力，在体侧近身处，作划弧划前后摆动，帮助身体迅速跳起。移动后的起跳，其起跳动作与原地起跳一样，但要注意制动并使移动与起跳动作紧密衔接。

(4)空中动作：起跳时，两手从额前沿球网向上方伸出，两臂伸直并保持平行，两肩上提。拦网时，两臂上举，伸手过网(中青年)。两手自然张开，屈指屈腕成半球状。当手触球时，两手要突然紧张，手腕下压盖在球的前上方。

(5)落地：拦球后，要做含胸动作，以保持身体平衡。手臂要先后摆或上提，从网上收回至本方上空，再屈肘向下收臂，以免触网。与此同时屈膝缓冲，双脚落地，随即转身面向后场，准备接应来球或做下一个动作准备。

2. 技术分析

(1)拦网队员的选位

在拦网的预判阶段，拦网队员站位可离网稍远些，约距网 50 厘米。一旦判定对方扣球位置或助跑最后一步制动时，起跳点距网应近些，这样向上起跳，可提高拦网高度，避免漏球。

(2)拦网队员的移动

拦网的移动方向主要是向两侧和斜前方。移动时采用的步法可归纳为："前一步、近并步、中交叉、远跑步"。

①一步移动：为了提主弹跳高度或运用重叠拦网，在拦网准备时，站位可离网一步远的距离，这样就便于向前或斜前方作一步助跑起跳，但须做好制动动作，保持垂直向上起跳。

②并步移动：向两侧近距离移动时采用。其特点是能保持面

对球网，便于观察，也便于随时起跳，但移动速度较慢(图 2-28)。

③交叉步移动：适用于中距离移动时采用。其特点是移动速度快，制动能力强，控制范围大。交叉步移动后，两脚着地时，脚尖应转向球网(图 2-29)。

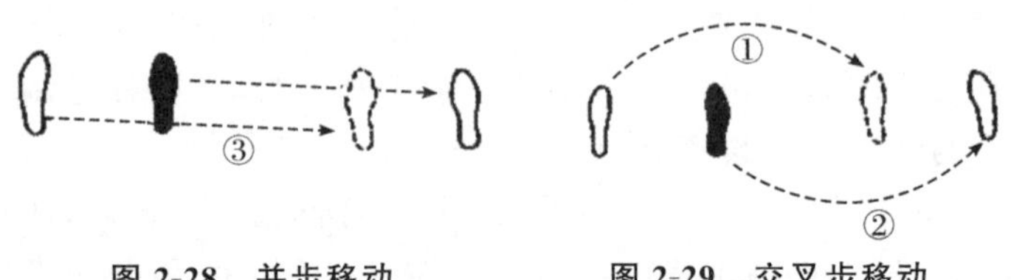

图 2-28　并步移动　　**图 2-29　交叉步移动**

④跑步：移动距离较远时采用。特点是移动距离远、速度快，但对制动要求高。如向右侧跑动时，身体先向右转，顺网跑至起跳位置时，应先跨出左脚(内侧脚)制动，接着右脚再向前跨出一步，使两脚平行站立，脚尖转向球网，随即起跳。若脚尖来不及转向球网，应在起跳过程中边跳边转身，保证跳起后能面向球网进行拦网。为了提高拦网高度，可以将助跑与起跳衔接起来成为助跑起跳。

(3)拦网的起跳

①起跳的位置：在正确判断对方扣球路线的情况下，拦网队员应选择能拦住对方主要进攻路线的位置起跳。

②起跳的时间：掌握正确的起跳时间，是拦网成功的基础。拦网队员的起跳时间，应根据二传球的高度、离网的远近、扣球者起跳时间和扣球动作特点而决定。如果扣球是远网高球，起跳应迟些；如果是低球，起跳应早些。一般情况下，拦网者应比扣球者晚跳。但如果是拦后排快球，拦网者应与扣球者同时起跳。

③起跳的动作：拦网起跳前，要充分利用手臂的摆动来帮助起跳，如来不及，可在身体前划小弧用力小摆，以带动身体垂直上跳。一般拦快球采用快速起跳方法，做到浅蹲快跳，以小腿发力为主；

拦高球时，采用深蹲高跳方法。

(4)拦网的方法

下述方法只在中青年比赛中采用。由于气排球比赛规则规定老年人拦网不能伸手过网，因此老年人拦网的动作方法的要求是手臂垂直上举，不能伸手过网拦网。

①伸臂动作：拦网触球时，两臂应尽量伸直，两肩尽量上提，前臂要靠近球网，两手间距离应小于球体的直径，以防止漏球（图 2-30）。伸臂动作要及时，过早容易被打手出界或者被避开拦网手扣球，过晚不易及时阻拦扣球。一般应在对方扣球瞬间伸臂较好。

②拦球动作：拦网触球时，两手应主动用力盖帽或捂球，使球反弹角度小，对方保护困难（图 2-31）。为了防止对方打手出界，拦网队员的外侧手掌应稍向内转（图 2-32）。拦远网球时，为了提高拦网点，可不采用压腕动作，而是尽量向上伸直手臂和手腕。如对方击球点高，不能罩住球时，可采用手腕后仰的方法，堵截扣球路线，将球向上拦起。

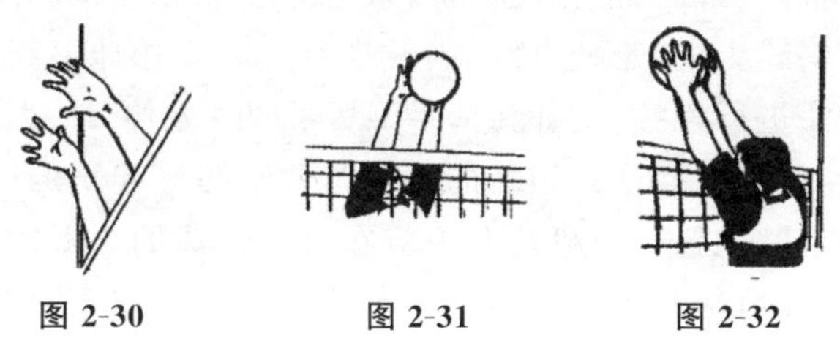

图 2-30　　**图 2-31**　　**图 2-32**

(二)集体拦网

由前排两个或三个队员互相靠近，同时起跳组成的拦网，称集体拦网，是比赛中最常用的一种拦网形式，主要在对方大力扣球时采用。拦网的技术动作与单人拦网相同。

集体拦网时，应以一人为主拦队员，另外队员为配合队员。但主拦队员不是固定的，一般情况下距对方扣球点近的队员应为主拦队员。主拦队员必须抢先移动到对正扣球点的位置，做好起跳准备，配合队员则迅速移动靠近主拦队员准备同时起跳。队员之间的距离一定要合适：距离太远，跳起后将出现“空门”；距离太近，起跳时互相干扰，致使双方都跳不高。集体拦网起跳时，队员的手臂应该在体前划小弧向上摆伸，都要尽量垂直向上起跳，要防止互相碰撞或干扰。手臂在空中既不能重叠，造成拦击面缩小，又不能间隔太宽，造成中间漏球。扣球靠近边线时，靠边线近的拦网队员外侧的手应适当内转，以防打手出界。

四、拦网技术的运用

（一）拦强攻扣球

强攻扣球的特点是击球点高、力量大、路线变化多。在比赛中一般都是采用双人（中青年比赛）或三人（老年人比赛）拦网来对待强攻扣球。拦强攻要求拦网队员慢起高跳，充分发挥高度。拦网者应以拦斜线为主，兼顾直线，当发现对方改变扣球路线时，要随即改换手法进行拦截。拦网时，手要尽量向高处伸，堵截其主要的扣球路线。此外，拦这种扣球的关键是要掌握好起跳的时间和选择正确的起跳位置。一般情况下应在对方击球的一瞬间起跳（扣球点离网远时，起跳还应稍迟些）；单人拦网时应在正对其主要扣球路线的位置起跳；集体拦网时，主拦队员在选择起跳位置时应留出一定的位置让同伴与自己配合进行拦网。

（二）拦后排快球

后排快球的特点是速度快，弧度低，击球点靠近球网。由于速度快，难以组成集体拦网，一般是采用单人拦网。拦网时，拦网队员应与扣球队员同时起跳或稍早一点起跳。起跳后要正对扣球队员，两手伸过球网接近球，力争把球罩住，使其无法改变扣球路线。

（三）拦打手出界球

拦打手出界的扣球时，靠近边线拦网队员的外侧手在拦击球的刹那，手掌应转向场内，以防打手出界。若遇对方有明显的打手出界或扣平冲球的动作时，拦网者应及时将手收回，造成对方扣球出界。

五、教学与训练

（一）教学与训练难点

拦网技术动作由准备姿势、移动、起跳、空中击球和落地等5个部分组成。要拦住不同的扣球，在拦网移动之前必须判断对方扣球位置。要根据二传手传球的一些特点及扣球手的起跳点来选择拦网起跳点，要根据对方扣球人的击球动作来判断拦网的起跳时间及伸臂时间。整个拦网技术动作全过程，自始至终都贯穿着判断。

起跳时间是否适时是关系到能否及时起跳拦住对方扣球的关键。选择合适的起跳时间，不仅要根据自己的弹跳高度，还要对二传高度、距离、弧度、速度及扣球动作幅度大小，挥臂快慢作出判断。因此，正确地确定起跳时间和起跳点是拦网教学训练的难点。

（二）教学训练顺序

拦网技术教学，应在学生初步掌握正确扣球技术之后进行。其教学顺序应是：先教单人拦网，然后再教双人和三人的集体拦网。拦网教学的重点是教单人拦网。

拦网教学应采用分解与完整相结合的教法，先学习拦网的手型和伸臂动作，再学习原地起跳和移动起跳的拦网动作，最后再掌握完整的拦网技术。拦网移动步法应先学习并步法，再学习交叉步和跑步。

（三）教学训练步骤

1. 讲解与示范

(1)讲解:教师首先讲解拦网技术在排球比赛中的重要作用,再讲解单人拦网技术的动作方法和要领,包括拦网手型、助跑、起跳、空中拦击、落地等,最后重点讲解拦网的判断和起跳时机。

(2)示范:拦网示范应采用完整与分解相结合,徒手与拦网相结合,正面、侧面与背面示范相结合进行教学。采用完整示范是让学习者建立完整的拦网技术概念。正面示范是让学习者观察拦网手型、手臂间距及起跳动作;侧面示范是让学习者观察拦网的身体完整动作以及手臂与网的距离;背面示范是让学习者观察拦网的判断,移动、起跳时机及网上封堵的区域和线路等。

2. 组织练习顺序

拦网手型练习——→移动起跳练习——→结合球的完整拦网技术练习。

（四）教学训练方法

1. 拦网手型练习

(1)徒手模仿练习:原地徒手练习拦网手型,要求两脚平行站立,两臂上举伸直,两手间距约 20 厘米,十指自然张开。

(2)原地扣拦练习:两人一组,面对面相距 1 米左右站立,一人预先做好拦网手型,一人对准拦网人双手自抛自扣。要求扣球者准确地把球扣在拦网人的双手上,让拦网者体会拦网手型和拦网时的肌肉感觉。

(3)原地结合低网一扣一拦练习:两人一组,隔网站立,一人扣球,另一人拦网。要求扣球者把球扣在拦网者双手上,拦网者要根据扣球人的抛球情况,及时伸臂拦网,体会触球时的提肩压腕动作。

2. 移动起跳拦网练习

(1)网前原地起跳拦网练习:学习者集体听教练口令在网前做原地起跳拦网。要求起跳后保持好身体平衡,既要有伸臂过网的拦网动作,又不能触网或过中线犯规。

(2)左右移动一步起跳拦网练习:教练站在高台上持球于网上空,学习者依次在网前左右移动一步起跳拦网。要求学习者随教练举球位置的变化而左右移动,移动制动与起跳动作要连贯。

(3)隔网盯人移动拦网练习:两人一组隔网相对,其中一人主动向左右移动起跳拦网,另一人盯住对方,并及时移动起跳在网上与对方双手击掌。要求平行网移动,防止触网,移动由慢到快,保持好人与网的合理位置关系。

3. 结合球的拦网练习

(1)一抛一拦练习:两人一组隔网站立,一人抛球,另一人起跳将球拦回。要求拦网人体会起跳时间和拦网动作。

(2)拦固定线路的扣球:教练或指定学习者在高台上扣球,固定扣直线或扣斜线球,让学习者依次轮流助跑起跳拦网。要求区别拦直线球和拦斜线球在取位和拦网手型上的异同。

4. 集体拦网练习

(1)原地起跳配合拦网练习:要求拦网人手臂上举伸直,间隔距离保持适当,中间不漏球为宜。

(2)移动后配合拦网练习:两人一组,同时移动到中间位置起跳配合双人拦网一次,然后分别向两侧移动,要求配合队员主动与主拦队员配合,防止碰撞。

(3)结合各种进攻扣球的双人拦网练习:中间位置队员单人拦对方中间后排快攻一次,立即向前排右或前排左移动组成集体拦网拦对方的后排强攻扣球。要求掌握好拦快球与拦高球强攻的起跳时间及不同的手型变化。

（五）常犯错误与纠正方法（表 2-6）

表 2-6 拦网技术常犯错误与纠正方法

技术	常犯错误	纠正方法
单人拦网	起跳过早或过晚	1. 教师给予起跳信号，反复练习起跳时机 2. 深蹲慢跳或浅蹲快跳
	拦网时两臂有向前扑打动作	1. 正误动作对比示范 2. 在网边反复做原地提肩压腕动作 3. 低网一扣一拦练习，强调收腹动作
	闭眼拦网或两手臂之间距离过大造成漏球	1. 拦网时眼盯球，养成观察球的良好习惯 2. 示范两臂夹紧头部的动作或多做拦固定球的练习 3. 网前徒手移动起跳伸臂后不急于收臂，等落地时检查
集体拦网	互相踩脚或两人在空中相碰撞	1. 多练移动最后一步的制动动作 2. 多练两人移动后并拦的起跳配合

（六）教学训练中应注意的问题

第一，在拦网的教学中，应以学习单人拦网技术为主，集体的拦网战术为辅。当学习者初步掌握了拦网技术后，应该增多结合扣球和防守反击的练习，使拦网、保护、防守及反攻扣球等技术互相串联和衔接。

第二，在教学中，必须抓好拦网的移动、起跳、伸臂、手型、拦击动作等环节的教学。在改进和提高阶段则应重视判断能力，突然起跳的能力，空中身体转动、倾斜的控制能力，拦网手法等基本功的练习。这样才能提高拦网的实战效果。

第三,拦网教学不能安排过早或过于集中。过早安排拦网学习,不符合排球技术教学的规律,过于集中学习拦网,不利于提高拦网的能力,甚至会影响学习者练习的积极性。所以拦网教学应安排在正面扣球和垫球防守以及简单的进攻战术之后进行,每节课单一地练习拦网的时间也不宜过长。

第四,在拦网教学中,要逐渐提高难度,一般先学单人拦网,后学集体配合拦网,其次学拦固定路线的扣球,再学拦变化路线的扣球;同时要强调拦网后的落地动作,以避免运动损伤。

【思考与练习】

1. 准备姿势与移动对完成各项击球技术有何意义?

2. 各种发球在技术上的共同要求有哪些?

3. 怎样合理地运用防守击球技术来接好各种发球?

4. 二传有何特点?在比赛中二传队员在技术上应具备哪些基本要求?

5. 单人拦网的空中击球动作应注意些什么?

6. 通过教学实践,找出除本书提到的各项技术的易犯错误外,初学者还容易出现的错误动作,并思考其纠正方法。

第三章　气排球战术

【内容提要】 本章主要阐述了气排球战术的基本理论,阵容配备、交换位置、信号联系,个人战术的运用,集体战术中防守阵型及运用、进攻阵型及其运用,进攻打法及其变化形式。

【学习目标】

1. 掌握气排球比赛的基本站位要求;
2. 了解阵容配备方法,能够在实践中安排比赛队伍的阵容;
3. 了解气排球进攻阵型与运用及基本打法;
4. 了解气排球防守阵型的运用与基本打法;
5. 掌握气排球战术的常用教学训练方法。

【知识要点】气排球阵容配备;气排球进攻战术阵型;气排球防守战术阵型;气排球战术的教学与训练。

第一节　气排球战术的基本理论

一、气排球战术的概念

气排球战术是指运动员在比赛中,根据气排球竞赛规则和气排球运动的规律、比赛双方的具体情况和临场竞赛的发展变化,合理运用个人技术及集体配合所采取的有意识、有组织的行动。

二、气排球战术的分类

（一）按战术的参与人数分类

根据不同的分类方式，气排球可演化出不同的战术体系，如根据参与战术体系人数的多少及配合的差异性可以分为个人战术与集体战术两大类，如图 3-1 所示。

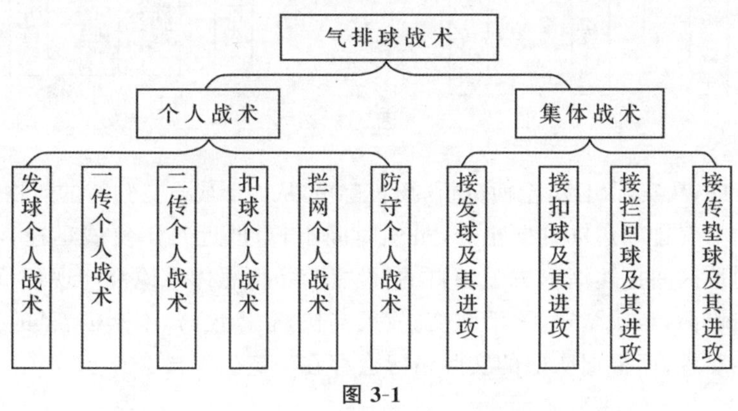

图 3-1

（二）根据对抗过程中所采取的不同组织形式

可将气排球分为进攻与防守战术两大类，如图 3-2 所示，在相应过程中有目的地变化各种战术阵型与打法，从而形成相对完整的战术体系。

三、气排球战术指导思想

气排球战术指导思想是一个球队在训练和比赛中指导战术行动的主导思想和基本原则。正确、先进的指导思想应符合气排球运动的客观规律和本队的实际情况，也应适应气排球运动的发展趋势。制定战术指导思想，要针对队伍在不同时期的不同对手进行

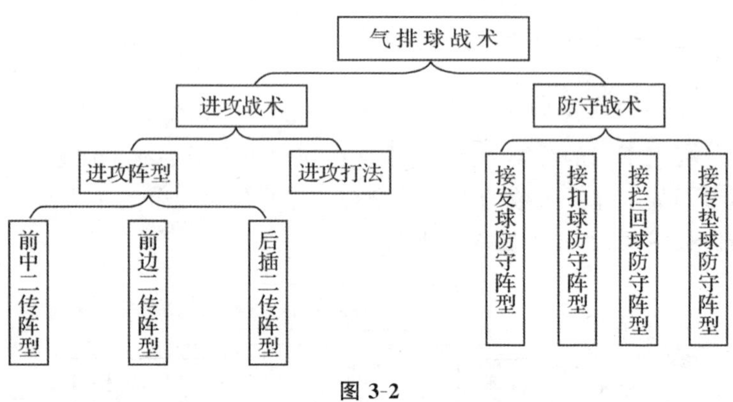

图 3-2

考虑，从实际出发，全面分析，扬长避短，从而形成自身独特的风格。

气排球运动开展至今，虽然时间不长，但近几年发展迅速，不同地区间也逐渐形成了各自的打法体系，但总体来说都体现了"攻防均衡，全攻全守，灵活多变，发展高快，立体攻防，不断创新"的指导思想，而根据队伍的实际情况会存在一定的差异。

四、气排球战术意识

气排球战术意识即战术素养，是指运动员在发挥技术的过程中支配自身行动并带有一定战术目的的心理活动，也是运动员在气排球比赛中合理运用技术和实现战术时所具有的经验、才能和智慧。运动员在比赛中的判断、应变和实践能力，以及每一项技术、战术的正确运用能力，都受一定战术意识的支配，并包含有战术意识的内容。运动员战术意识的强弱是衡量其是否成熟的重要标志，因此在训练和比赛中应注重培养他们的战术意识，从而提高运动员正确合理运用技术的能力、临场判断与应变的能力、比赛经验迅速积累等等。

根据气排球运动的规律与特点，可以从以下几个方面培养与提高战术意识：①技术的目的性；②行动的预见性；③判断的准确性；④进攻的主动性；⑤防守的积极性；⑥战术的灵活性；⑦动作的隐蔽性；⑧配合的集体性。

五、气排球战术能力

气排球战术能力是运动员竞技能力的重要组成部分，在与对手的技能、体能、心理和智能基本相同的情况下，战术能力的作用就更加突出，常常在取胜中占有重要的地位。随着比赛经验的丰富和运动技术水平的提高，战术能力在竞赛中的作用也会随之而加强。

战术能力与技术、素质、心理等多种竞技能力都有着密切的关系。技术能力是战术能力的基础，身体能力是提高技战术能力、实施战术配合的重要先决条件，心理能力则是技术能力和战术能力发挥的保证。运动员思维的敏捷性、灵活性、预见性和创造性等是体现智能的重要方面，也是战术意识的基础。此外，战术能力的提高又必然地促进体能、技术能力、心理和智能的更快发展。

六、气排球技术、战术之间的关系

(一)气排球技术与战术的辩证关系

气排球技术是任何一种气排球战术出现与发展的基础，所有的战术体系均是在合理熟练运用各项技术的基础上形成的，在实战中运用各项基本技术，适时根据实战的需要与变化，产生某种战术设想，进而改进原有的技术，灵活组合各项技术而形成新的战术配合，以适应实战的需要。此外，战术意识与体系的变革也会给技术的革新提出新的启示，从而改变技术的发展轨迹，亦可创造出新的技术，因此，气排球技术与战术两者是互相联系、互相依存、互相促进、互相制约的。

（二）个人战术与集体战术的关系

气排球是集体性项目，要获得战术上的胜利就需要全队各个成员间的密切的配合，在每个个体充分发挥自身特长的基础上还必须通过集体间的默契合作才能实现集体力量的提升，最终取得优胜。太过强调或依赖于个人力量，或是过于追求集体配合而忽视个人能力的提高，都无法达成这一目标，因此在这个过程中就必须取得个人战术与集体战术间的平衡。

个人战术是队员在比赛中根据临场情况的变化，有目的、有针对性地运用个人技术动作。集体战术是指两个或两个以上队员之间有组织、有目的集体协同配合。个人战术是集体战术的组成部分，集体战术是个人战术的综合体现，二者之间的关系是局部和全局的关系。个人战术要促成集体战术的实现，集体战术要有利于发挥个人战术的特长和作用，二者相辅相成，互相促进，互相弥补。一个队个人战术与集体战术水平的高低，取决于以下因素：①基本技术的全面性、准确性、熟练性、实用性的程度；②阵容的配合的合理性，个人特长的应用与积极性的合理调配；③了解与判断双方人员特点及战术布置情况的准确度、深度及广度；④临场应变能力和实战经验的累积；⑤技、战术指导思想是否先进、准确；⑥是否具有集体主义、团结协作和顽强拼搏的精神等等。

（三）进攻战术与防守战术的关系

在气排球比赛中为了使球在对方场区落地或造成对方失误、犯规而采取的一切合法手段，都称之为进攻。反之，为了不使球落在本方场区的一切合法手段，均为防守。攻、守这对矛盾贯穿于气排球运动的始终，攻中有防，防中有攻，两者是紧密相连和相互依存的。进攻是赢得胜利的有效途径，但进攻必须以防守为基础，防守不仅是减少失分的一个重要方面，也是得分的基础，除发球外，每发动一次进攻都是在防守的基础上进行的，没有防守，就没有进攻；而防守的目的是为了保证与实现进攻，片面地强调进攻或防守都是不正确的。因此，在训练和比赛中，必须贯彻攻防兼备，全攻全守的指导思想。

七、气排球战术的发展与演变

气排球运动经过30多年的发展与改革，在内容、形式、规则等方面日益革新，并随着社会的进步和传播手段的现代化而广泛普及和大众化。气排球比赛的战术形式和战术内容最初借鉴了室内六人制排球的战术体系与模式，但随着运动实践的积累与参与人群年龄段的拓展，竞赛规则与竞赛方法也产生了比较明显的变化，使气排球的战术指导思想与组合体系也得到了不断地丰富，形成了多样化的战术格局：

（一）气排球进攻战术的发展趋向于"全面型"、"互相掩护型"

在进攻线前后的多个进攻点组成多种配合，在个人技术与个人战术全面熟练掌握的前提下，通过各种跑动换位与信号联系，互相掩护轮流进攻，充分展示各专位的特点与特长，使整体战术发挥最大的功效。因此，"全面型"、"互相掩护型"战术体系将在很长的时间内成为进攻战术发展的主要模式。

（二）气排球战术趋向于"多变型"和"快速化"

单一战术的组合已不适应现代气排球运动的发展要求，而多种战术方式的有效组合、创新及临场变化组合，使气排球运动充满了无限的可能，也展现出其无穷的魅力。

1. 发球战术多样化，有大力的跳发球，也有吊网前的轻飘球，有高吊球与有各种角度的弧线球，直接冲击对手的一传与一攻体系。

2. 进攻战术上除保有基本的高点强攻外，逐渐向快速变化的跑动进攻体系发展，通过快速调整、快速跑位配合与快速的打法完成进攻，在最短的时间内占据场上进攻先机，从而掌握比赛场上的主动权。

3. 防守战术快速多变灵活，根据对手的进攻布局改变本方的拦网与后排球防守，要体现各个专位的防守特长，又要随时补位，既要有高大的移动拦网，也有稳健的后排防守。要充分利用队员的身高、弹跳优势加强网上、网前的高防，在前排网上争防第一点，后排防守和前排保护时，身体重心主动降低，赢得防守时间，从而加快拦防反击的速度。

(三)气排球战术运用趋向合理、简练和实效性

气排球战术组合和运用的最终目的是获取得分。在气排球运动规则的导向下，气排球比赛的竞争性日趋激烈，各种战术组合和运用都在寻求着更为合理的途径，在全面型、快节奏、多变化的整体战术体系中，简练、实效的战术运用成为制胜的重要手段。简练是战术配合的节省化和快捷化；实效是临场比赛战术运用的强烈制胜目的性的实现。在这种目标指引下就要求气排球队员有良好的气排球战术意识和整体的协调配合能力，能够根据比赛的进展情况，做出正确的判断和快速的反应，既能完成预定的战术构想，又能随机应变，巧妙地运用各种战术手段。

第二节　阵容配备、交换位置、信号联系

一、阵容配备

阵容配备是参赛队根据比赛的任务、本队战术组织的特点及队员的身体情况，有针对性的、合理的安排出场队员及位置分工，

充分的调配力量,科学的组合人员的筹划过程。

阵容配备要将全队的力量有效地组织起来,扬长避短,最大限度地发挥每一个队员的作用和特长,因此在调配时应综合考虑全队各名成员不同的情况,选择作风顽强,心理素质好,技术与临场应变能力强的成员组成主力阵容,将平时合作默契的二传与攻手安排在相邻的位置上,并努力使各轮次间的攻守力量趋于均衡,以保证整体战术效应的稳定性与成效性;同时,阵容配备还应针对不同的对手进行相应的调整,如根据对方拦网特点配备本方进攻点或进攻方式等等,以避免造成拦网或防守上的缺漏。根据气排球比赛制式的不同,气排球阵容配备的基本形式有以下几种:

1. 五人制

(1)"四一"配备:由四名进攻队员和一名二传队员组成(图 3-3)。其特点是二传与攻手分工明确,进攻点较多,全队只要适应一名二传队员的技术特点,相互间的配合更为默契,有利于战术意图的领会与执行,四名攻手的设置也有利于本方进攻实力与拦网实力的提升,但对二传的体能及分配球的能力也提出了更高的要求,同时还要考虑二传插上后后排防守薄弱这一问题,因此有些队伍会培养接应二传代替其中一名攻手的位置,以弥补后场防守与调整球的问题。

(2)"三二"配备:由三名进攻队员和两名二传队员组成,又可根据二传的站位分为两种阵型,其一为二传站于前排 3 号位和后排 5 号位(图 3-4),其二为二传站于前排 3 号位和后排 1 号位(图 3-5)。这种阵型的特点是二传与攻手的数量及站位分布比较合理,每个轮次均能保证有一名二传队员,且前后场均有二传可以调整球,可以最大限度地防止一传不到位时本方无法有效组织进攻的情况出现,从而保证战术配合的稳定性,但会出现两名二传同时在前/后场区的情况,进攻点的减少也在某种程度上降低了本方的进攻实力，同时也要求二传队员轮到前排时要能攻能传，也造成了一定的难度，使得这种阵容配备受到了一定的限制。

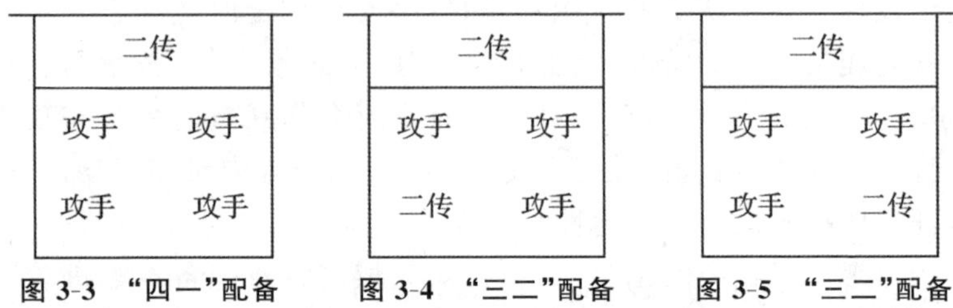

图 3-3 “四一”配备　图 3-4 “三二”配备　图 3-5 “三二”配备

2. 四人制

(1)“三一”配备：“三一”配备形式（图 3-6）由三名进攻队员和一名二传队员组成，其中有一名或为接应二传。这种阵型特点与五人制的“四一”配备比较接近，虽然场上人数减少使队员间的跑动换位相对容易，但对形成专位攻防布局所需的时间、位置要求更高，在快速变化时每名队员负责的区域也相对变大，增加了一定的战术配合难度。由于场地小，球速快，后排插上二传优势不易得到体现，因此，非高水平队伍较少采用。

(2)“二二”配备：该阵型由两名两传队员与两名攻手组成（图 3-7），各轮次二传与攻手配置均衡，较容易掌握与运用，是气排球常采用的阵型，在中、高水平气排球比赛中也经常采用。

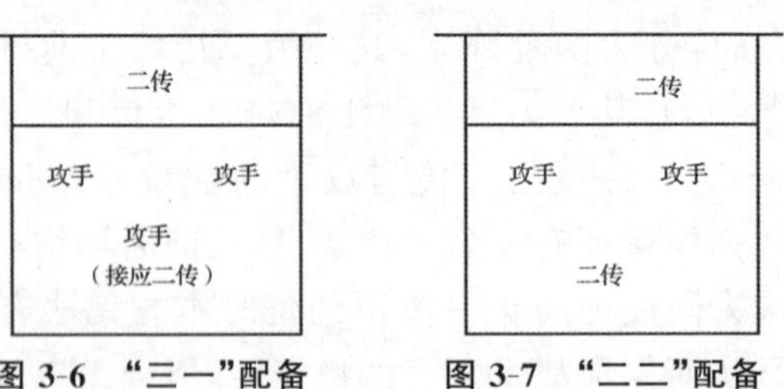

图 3-6 “三一”配备　图 3-7 “二二”配备

二、交换位置

交换位置是在规则允许下，最大限度地发挥每个队员的特长，扬长避短，积极通过交换场上队员的位置以达到实现专位攻防的布局，主动弥补阵容配备上的某些缺陷，从而保障与提高攻、防战术的质量。交换位置的方法通常有以下两种类型：

(一)交换位置以加强进攻

为了便于组织进攻战术，把二传队员换到场地的右侧中场区域，充分利用球网过网区域以及场地的纵深空间来组织各种战术配合；同时，可根据本方各个队员的进攻特点将其换至其便于发力的位置上，以确保各位置均能有较大的攻击威力，或是根据对方拦网特点变化攻手的位置以突破对方防守等等。

(二)交换位置以加强防守

为了减少二传跑动对战术组织的影响，必须要调整接发球及接扣球的防守阵型；为了有效拦网，可将身材高大，拦网意识与动作较好的队员换至对手进攻的主要攻击区域内，以提高拦网的有效率与成功率；为了加强后排防守，也可将防守能力强的队员换到防守任务较重的区域，以保证防守起球率等等。

(三)交换位置时应注意的事项

1. 换位前的站位，既要防止“位置错误”犯规，又要考虑缩短换位距离。

2. 当发球队员击球后，即开始换位，应力求迅速地换到预定位置，立即准备做下一个动作。

3. 在对方发球时，应首先准备接对方的来球，然后再换位，避免造成接发球混乱。

4. 换位时，队员之间要注意配合行动，防止互相干扰，做到互相弥补。

5. 换位后，当该球成死球时，应立即返回原位，各自做好下次接球或进攻的准备。

三、信号联系

为了统一行动目标，完成集体战术配合，根据本队情况，由教练员和运动员共同制定的一种行动信号。气排球战术中常见的信号联系方式有语言信号联系、手势信号联系、落点信号联系、仪态信号联系与综合信号联系。

第三节 气排球个人战术

一、个人战术的概念

气排球个人战术是指不同年龄段、不同专位的队员根据个人的特点和整体战术的需要，灵活运用个人技术变化以完成有效进攻与防守。

二、气排球个人战术的分类及内容

(一)发球个人战术

发球是比赛回合的开始，不受对方和同伴的制约，也没有集体配合的问题，因而更能体现个人的战术意识与能力。

发球前应注意从以下几个方面综合进行考量：认真观察场上双方的具体情况，快速思考对方接发球站位及轮次特点；分析本方的战术布置，针对性地采用不同的发球方法，以取得先发制人的效果；正确评估自身的体能与技能状态、自身的发球特点和发球当时的心理状态；避免出现失误，在保证成功率的前提下完成各种发球战术。

常用的发球战术如改变发球力量、速度、弧度以及旋转与飘晃等性能；针对对手特点，变化发球取位，找人发球、找空档发球或找区域发球；还可根据本方及对手各轮次的战术安排及实力强弱采用不同的发球攻击性，以保证发球的攻击性与准确性，以增加对手接发球的难度，破坏其一传的到位率。

(二)一传个人战术

一传是保障本队组织合理有效进攻的基础，因而需要队员根据本队整体战术的要求，采用有意识、有目的的接球动作，灵活调整与控制一传球的方向、弧度、速度与落点等，以有效配合本方的进攻组织。

气排球具有自身器材轻、飘、受力易产生形变的特性，因而给一传造成了一定的困难，在处理来球的过程中应当合理全面地运用垫、传、挡、捧、拨等击球动作将来球接起，在避免失误的前提下根据本方战术布置以及对手的具体情况进行调配，如送缓和的一般高球以组织强攻；送低平速度快的一传以组织快攻；当对手战术配合失误推攻过网时可选择稳定的一传以组织本方的有效反攻；当对手的发球攻击力不强或发现对方有较大空当并无准备时，还可用一传球攻击对手空当或直接组织两次攻，等等。

(三)二传个人战术

二传个人战术主要目的是合理有效地分配球，为本方队员创造有利的时空进攻条件，并突破对方的拦网以完成各种进攻战术。二传个人战术应根据本方一传情况、队员的特点和站位情况、对方拦网部署情况等等进行综合考虑，合理运用适当的击球动作完成分配球，必要时还可通过传球动作完成攻击性强的两次球处理。

气排球的进攻组织受到规则的影响，二传球组织进攻的落点区域相对集中于中后场区，为了有效地突破对方的拦网，在二传个人战术方面更强调了对空间、时间以及动作上的变化，应当利用各种击球动作变化二传球出手的快慢、高度与弧度，充分利用球网与球场的纵深区域，尽量避开对方拦网强的区域以达到预期的战术目的。

（四）扣球个人战术

扣球个人战术队员根据对手拦网和防守情况，合理选择与变化扣球技术和路线，以有效突破对方的防御体系。扣球的个人战术主要可以通过变化扣球线路、扣球动作类型、扣球击球时机与动作幅度、力量大小等形式加以体现。

气排球网高及扣球动作的限定使拦网方占据相对有利的局面，这也要求进攻者必须要提高自身的扣球个人技术能力与临场战术应变意识与能力，如掌握快速冲跳扣球的技术，提高起跳后空中变化扣球动作、力量、路线等的能力，提高应对多人拦网时的平扣、扣吊结合的打法与能力，等等。

（五）拦网个人战术

拦网个人战术是指拦网队员根据对方进攻队员特点以及进攻战术的应用情况，灵活应用各种手法、步法，利用时间、空间等变化因素，有效拦阻对方进攻的一种个人或集体性配合行为。拦网个人战术体现在拦网时间、空间及动作上的变化，以发挥阻拦对手攻击、降低对手攻击威力或达到成功阻截直接得分的功用。

要达到上述目标，最重要的作用就在于准确预判对手的进攻时机、路线与动作，重点拦防对方进攻威胁性大的队员，保护本方防守薄弱的区域，常见的拦网个人战术有通过改变拦网起跳时间、变化拦网空中动作（手型、位置）、灵活组合个人与集体拦网以制造假象误导对手等等几种方式。

第四节　气排球集体战术

一、气排球集体战术的概念

集体战术是指运动员在比赛中,为突破对方防守或抑制对方进攻,灵活地运用合理的攻防技术,按照一定的形式,采取的有组织、有目的、有针对性的集体配合行动。

二、气排球集体战术的分类

(一)防守战术

1. 接发球防守阵型

根据接发球的人数分成三种接发球阵型:4 人接发球(五人制)、3 人接发球(四、五人制)、2 人接发球(四人制)。不论四人制或五人制通常采用的都是 4 人和 3 人接发球阵型。

2. 接扣球防守阵型

根据参加拦网人数分为无人拦网下的防守阵型、单人拦网下的防守阵型、双人拦网下的防守阵型、三人拦网下的防守阵型。

3. 接拦回球防守阵型

接拦回球防守阵型,应根据本方的进攻战术和对方拦回的情况,以及参加防守的人数来确定。接拦回球一般采用 4 人、3 人等阵型。

4. 接传、垫球防守阵型

接对方传、垫过网的球,根据其运用的时机、条件以及来球性能的差异,可采用 4 人、3 人接球阵型站位。

(二)进攻战术

根据二传队员的位置分成三种阵型。

1. 前"中二传"进攻阵型

是指由1名前排二传队员在前排中位置传球,将球传给其他队员进攻的组织形式。

2. 前"边二传"进攻阵型

是指由一名前排二传队员在前排边位置传球,将球传给其他队员进攻的组织形式。

3. 后"插二传"进攻阵型

是指后排二传队员插上到前排进行传球,将球传给其他队员进攻的组织形式。

三、排球集体战术的运用

(一)防守战术的运用

1. 接发球

(1)接发球阵型

当对方发球时,本方处于防守地位,也是组织第一次进攻的开始。事先站好位置,摆好阵型,是接好发球的基础。站位的阵型不仅要有利于接球,也要有利于本方所采用的进攻战术。同时,还要根据对方发球的特点,采取不同的阵型。

根据接发球的人数分成3种接发球阵型:4人接发球(五人制)、3人接发球(四、五人制)、2人接发球(四人制)。不论四人制或五人制经常采用的是4人和3人接发球阵型。

①4人接发球阵型(五人制):除1名二传队员站在网前或从后排插上准备二传的队员不接发球外,其余4名队员均承担一传任务的接发球阵型。是五人制气排球比赛最基本的接发球阵型,被大多数的球队所采用,初级水平的球队应采用此阵型。其优点是队员均衡分布,每人接发球的范围相对减少;接发球时,已站成了基本的进攻阵型,组织进攻比较方便,适合接发球水平

不太高的球队。其缺点是二传队员从5号位插上时距离较长，难度较大，组织战术较难；队员之间的中间地带较多，配合不默契时容易互相干扰。

②3人接发球阵型（五人制）：插上的二传队员与同列的前排队员均站在网前不接发球，其他3名队员站成弧形承担一传任务的接发球阵型。其优点是便于后排插上和不接发球的前排队员及时换位，不易造成队员之间接发球的互相干扰；其缺点是对接发球的3名队员要求有较高的判断、移动能力和掌握较好的接发球技术；要求不接发球的队员后撤参与进攻的时机把握要准确，与其他队员配合默契。

③3人接发球阵型（四人制）：除前排二传或插上二传之外，其他3名队员站成弧形承担一传任务的接发球阵型。3人接发球阵型的优点是不易造成队员之间接发球的互相干扰。但3人接发球每人负责的区域较大，对判断、移动等能力要求较高。

（2）接发球不同阵型的站位

①4人接发球阵型的站位变化

"一二二"阵型站位：是初学者开始进行比赛的最基本站位阵型。优点是均衡分布，每个队员接发球的范围相对减少；缺点是队员之间的交界点相应增多，会出现互抢互让或前后排相互干扰的现象。如图3-8、图3-9、图3-10所示。

"一字"阵型站位：是对付大力发球和平冲飘球的有效形式。由于落点集中在场地中、后区，接发球时4个队员应"一字"形排开，左右距离较近，一人守一条线，前后互不干扰，加强预判，避免接可能出界的球。如图3-11所示。

②3人接发球阵型（五人制）的站位：如对方发球落点靠后，速度平快，则可站成浅弧形（图3-12、图3-13），或者站成一字形（图3-14）。

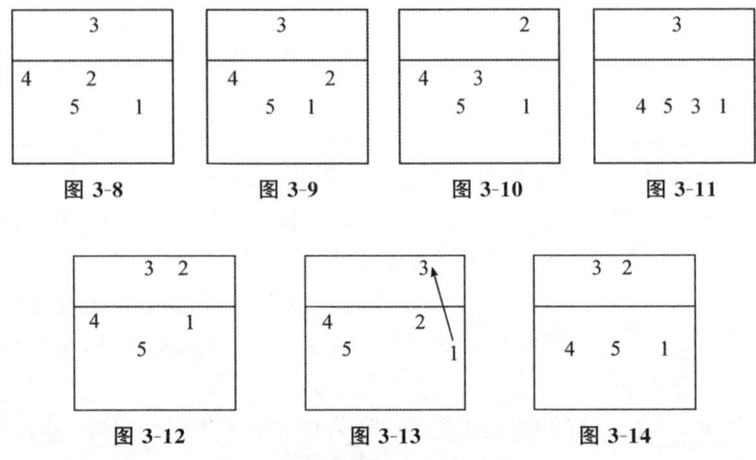

图 3-8　图 3-9　图 3-10　图 3-11

图 3-12　图 3-13　图 3-14

③3 人接发球阵型(四人制):除前排二传或插上二传之外,其他 3 名队员站成弧形承担一传任务的接发球阵型。其变化如图 3-15、图 3-16、图 3-17、图 3-18 所示。

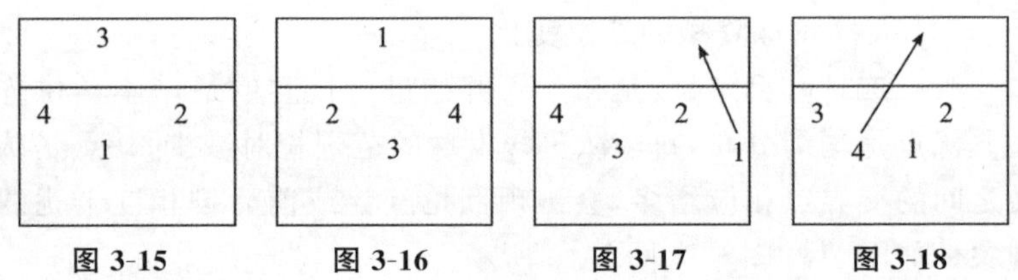

图 3-15　图 3-16　图 3-17　图 3-18

2. 接扣球

(1)接扣球阵型

接扣球防守阵型是由前排拦网与后排防守组合而成。组织接扣球防守阵型时,首先要针对对方进攻的特点和变化进行部署;其次要充分发挥本方队员的特长,合理地分配力量。同时还要结合本方防守后反攻战术的打法进行布防。

根据参加拦网人数分为无人拦网下的防守阵型、单人拦网下的防守阵型、双人拦网下的防守阵型、三人拦网下的防守阵型。

(2)接扣球不同阵型的站位

①无人拦网下的防守阵型

无人拦网下的防守阵型是一种最初级、最简单的防守阵型，适用于初学者或在对方进攻无力时采用。其站位方法与 4 人或 3 人接发球的站位基本相同，既二传站在网前，其他队员进行防守。

②单人拦网下的防守阵型

一般是在对方进攻威力不大，路线变化不多，轻打吊球较多时，或因受对方战术迷惑，来不及组织集体拦网时采用。其优点是增加了后排防守人数，便于组织反攻；缺点是当对方攻击力较强时，单人拦网力量薄弱。

单人拦网下的防守阵型与无人拦网下的防守阵型相似，只是前排二传队员跳起参与拦网，后排队员根据对方不同进攻点变换防守位置。

由前排相对应位置的队员拦网，其他前排队员后撤与后排两名队员形成防守阵型。分别以五人制(图 3-19、图 3-20、图 3-21)和四人制(图 3-22、图 3-23、图 3-24)为例，其中图 3-23 中情况一般由二传拦网，攻手后撤防守，这样方便二传组织以及攻手进攻。

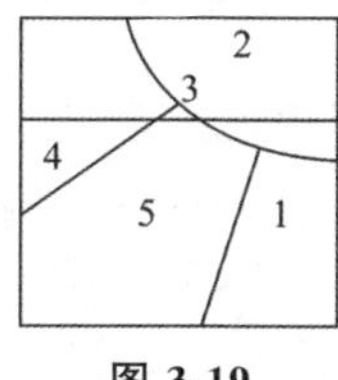

图 3-19

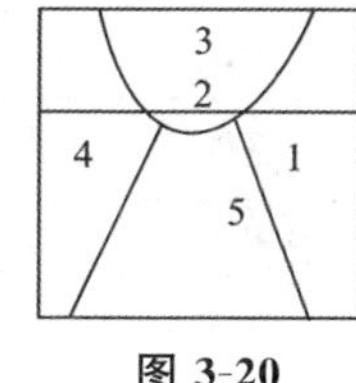

图 3-20

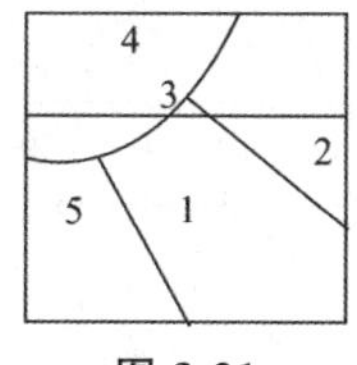

图 3-21

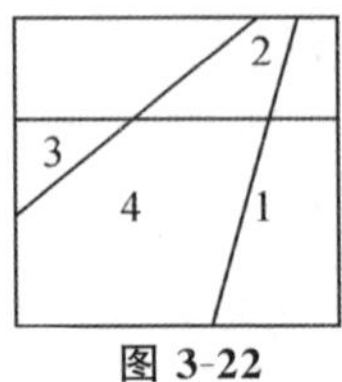

图 3-22

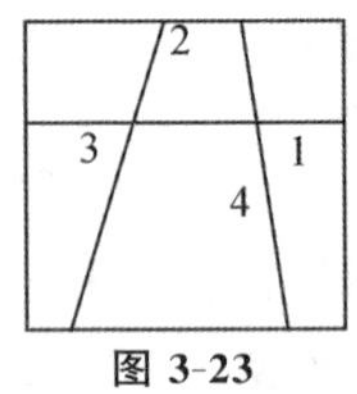

图 3-23

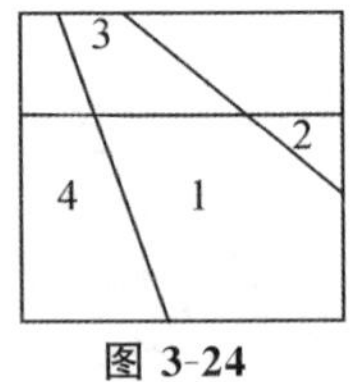

图 3-24

③双人拦网下的防守阵型

当对方进攻威力较大，进攻路线变化较多，单人拦网不足以阻拦对方进攻时，多采用双人拦网防守阵型。它是接扣球防守中最主要的战术阵型。根据不同参赛人数、不同后排队员跟进防守的情况和前排不拦网队员的不同取位，双人拦网下的防守阵型有以下几种：

A.五人制双人拦网下的防守阵型：根据对手进攻点的不同，3号位队员配合两边的前排队员进行双人拦网，另一名前排队员后撤与两名后排队员组成防守阵型（图 3-25、图 3-26、图 3-27）。

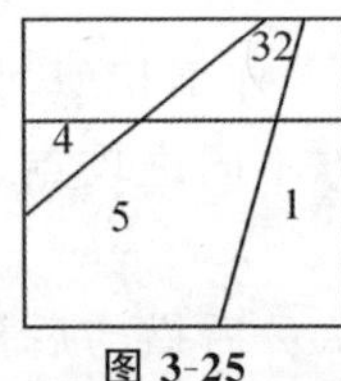

图 3-25

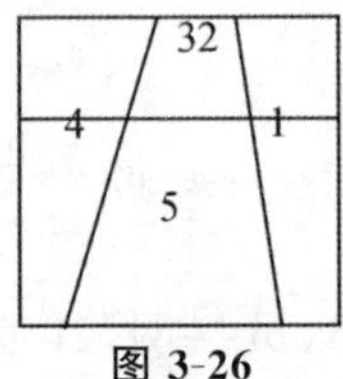

图 3-26

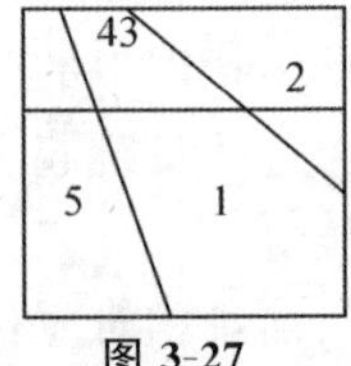

图 3-27

B.四人制双人拦网下的防守阵型：根据对手进攻点的不同，两名前排队员进行双人拦网，后排两名队员组成防守阵型（图 3-28、图 3-29、图 3-30）。

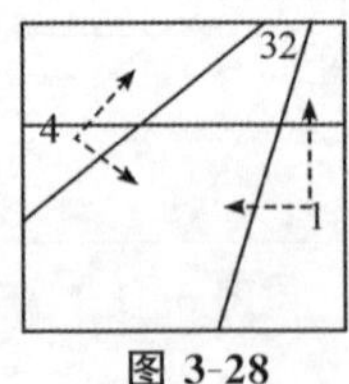

图 3-28

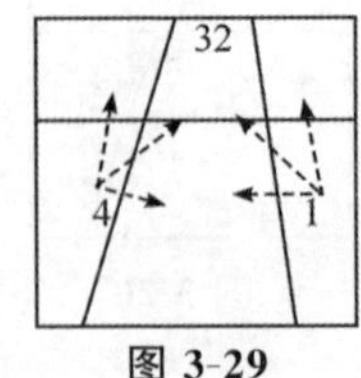

图 3-29

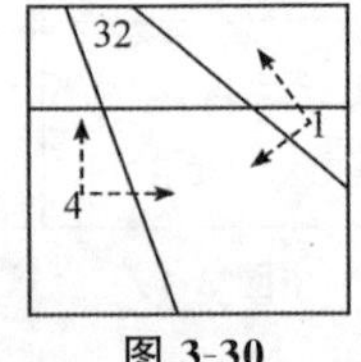

图 3-30

④三人拦网防守阵型(五人制):只有五人制才能组成三人拦网。三人拦网防守阵型在对方扣球攻击性强,线路变化多,吊球少的情况下采用。三人拦网加强了第一道防线,但增加了后排防守的困难,对组织反攻也有所不便。

根据对手进攻点的不同,前排三名队员组成三人拦网,两名后排队员组成防守阵型(图 3-31、图 3-32、图 3-33)。

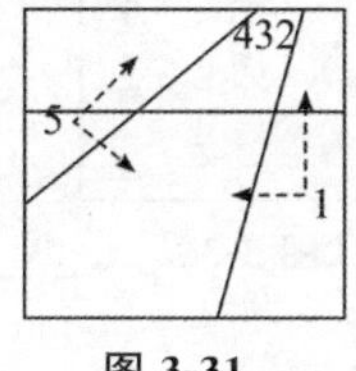

图 3-31

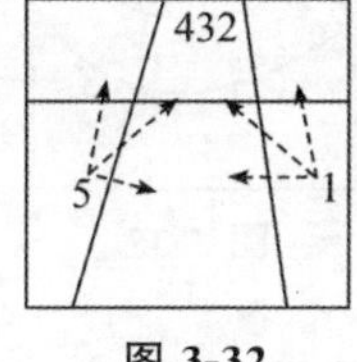

图 3-32

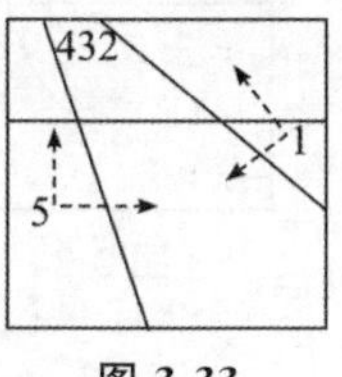

图 3-33

3. 接拦回球

(1)接拦回球阵型

接拦回球防守阵型,应根据本方的进攻战术和对方拦回的情况,以及参加防守的人数来确定。本方扣球队员除注意自我保护外其余队员必须加强保护,尽量组成多道保护防线,积极防起被拦回来的球,并及时组织继续进攻。接拦回球一般采用 4 人、3 人等阵型。

(2)接拦回球不同阵型的站位

①4 人接拦回球阵型及站位(五人制)

4 人接拦回球一般采用“二二”站位。

示例一:当二传队员将球传给 4 号位队员扣球,由 3 和 5 号位队员组成第一道防线,2 和 1 号位队员组成第二道防线。如图 3-34 所示。

示例二:当二传队员将球传给 3 号位队员扣球,由 4 和 2 号位队员组成第一道防线,5 和 1 号位队员组成第二道防线。如图 3-

35 所示。

示例三：当二传队员将球传给 2 号位队员进行扣球，由 3 和 1 号位队员组成第一道防线，4 和 5 号位队员组成第二道防线。如图 3-36 所示。

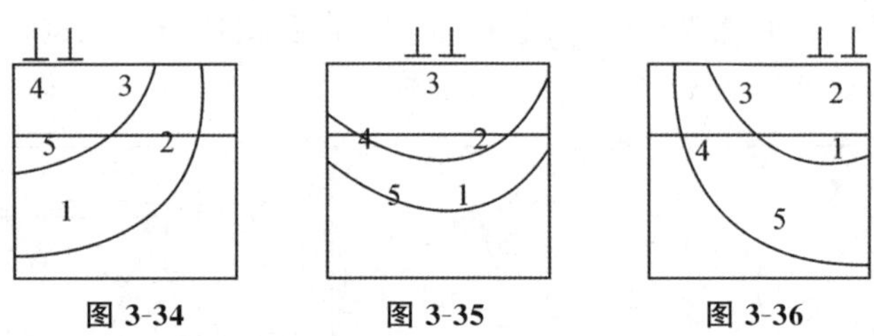

图 3-34　　图 3-35　　图 3-36

②3 人接拦回球阵型及站位（四人制）

3 人接拦回球一般采用“二一”或“一二”站位。

示例一：当二传队员将球传给 3 号位队员进攻，则由 2、4 号位队员组成第一道防线，1 号位队员组成第二道防线。如图 3-37 所示。

示例二：当二传队员将球传给 4 号位队员进攻，则由 2 号位队员组成第一道防线，1、3 号位队员组成第二道防线。如图 3-38 所示。

示例三：当二传队员将球传给 1 号位队员进攻，则由 2、4 号位队员组成第一道防线，3 号位队员组成第二道防线。如图 3-39 所示。

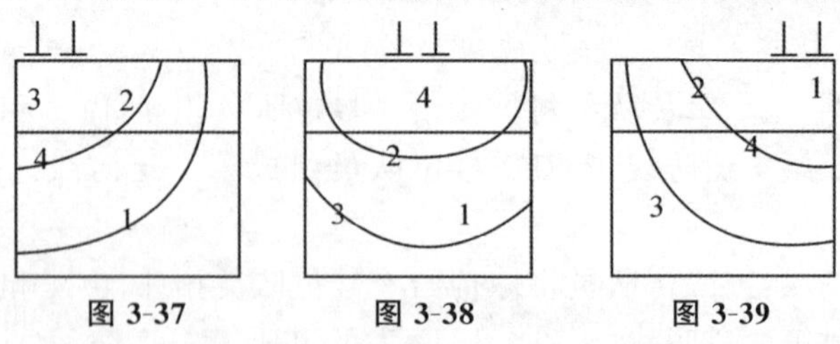

图 3-37　　图 3-38　　图 3-39

4. 接传、垫球

如对方一传将球垫飞，接应队员将球调整至中、后场附近，第三次无法组织有效进攻时，可将球调整到中场附近，因高度限制不能扣球时，采用上手平传过网的方法，本方队员应提前做出预判，后排二传要及时插到网前，前排队员不需要拦网迅速后撤或换位便于防守反击，站成 4 人或 3 人接球阵型。抓住这种“机会”球，尽量组织多点进攻战术。接对方传、垫过网的球，根据其运用的时机、条件以及来球性能的差异，可采用 4 人、3 人接球阵型。

(二)进攻战术的运用

【知识窗】气排球进攻战术

进攻战术的形式是相对固定的，而进攻战术的打法是百变的。在运用气排球进攻战术打法时，二传的位置与其他攻手的位置是非常重要的，不同的二传与攻手组合会有不同的进攻打法效果，寻求最佳组合是气排球比赛中教练员追求的目标。进攻打法的运用要根据运动员的实际情况与水平进行，二传要能够传出强攻、快攻球，攻手则必须具备扣不同打法的助跑与扣球手法技术，才能完成各种不同的进攻打法。从这个角度看，更能说明技术是战术的基础这句话。

1. 进攻阵型

(1)前“中二传”进攻阵型

这种阵型是排球战术中最简单、最基础的一种进攻阵型。是由前排二传队员在前排中间位置传球，将球传给其他队员进攻的组织形式，其优点是场上二传队员比较明确，攻手多，进攻点多。二传在场上移动距离以及传球距离短；利于组织进攻，一传目标明确、容易。采用前“中二传”进攻阵型时应注意以下两点：

第一，当二传队员轮换到 4、2 号位时，应采取换位的方法，把二传队员换到中间位置，以便于组织进攻。

第二，3 号位二传队员如果向两边都采用正面传球时，可以居中站位；如果二传队员利用正面长传或背后短传时，站位可偏近 2 号位区。

(2)前“边二传”进攻阵型

是由一名二传队员在前排边位置组织进攻，将球传给其他队员进行进攻的组织形式。这种阵型场上二传队员明确，传球与进攻配合空间比较大，进攻点，因此，便于组织不同的进攻战术打法。这种阵型由于二传在场上移动距离以及传球距离比较长，对二传队员的传球能力要求就比较高。采用前“边二传”进攻阵型时应注意以下两点：

第一，二传队员必须主动换位到易于传球的位置上，以便于组织进攻。

第二，二传队员如果组织二传背后的进攻战术打法，站位可以靠近中场，如果组织二传前的进攻战术打法，站位可以靠近边线位置，从而为攻手提供比较大的进攻跑动空间。

(3)后“插二传”进攻阵型

是指后排队员插上到前排 2 号或 3 号位担任二传，将球传给其他扣球队员进攻的组织形式。这种进攻阵型多被高水平的球队所采用(图 3-40、图 3-41)。

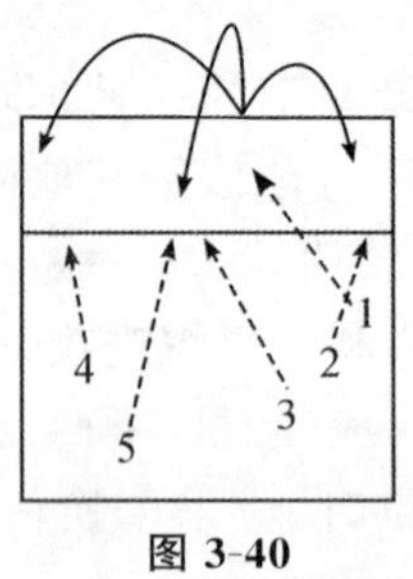

图 3-40

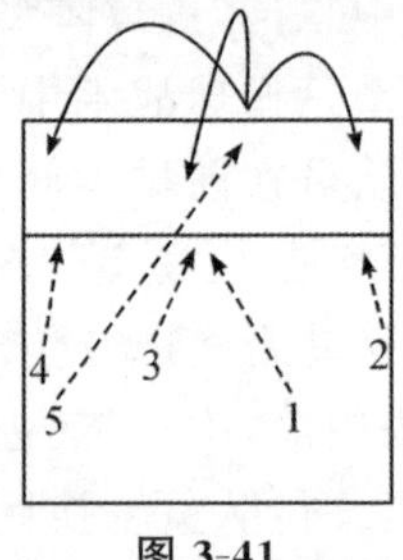

图 3-41

2. 进攻打法

(1)强攻

强攻指在没有同伴掩护而对方有准备拦防的情况下,强行突破的进攻。强攻的二传球较高,根据不同的二传球位置,可以分为集中进攻、拉开进攻、围绕进攻、调整进攻等。

①集中进攻:进攻队员扣二传队员向后排左或后排右传出弧度较高,落点较集中的球,称为集中进攻。这种打法由于难度小,便于扣球队员助跑和挥臂扣球,一般适合初学者和较低水平的球队运用。

②拉开进攻:进攻队员扣二传队员传到后排左或后排右在标志杆附近的球,称为拉开进攻。这种打法充分利用网长,能扣直线和小斜线(图 3-42、图 3-43)。既利于避开拦网,也便于打手出界。

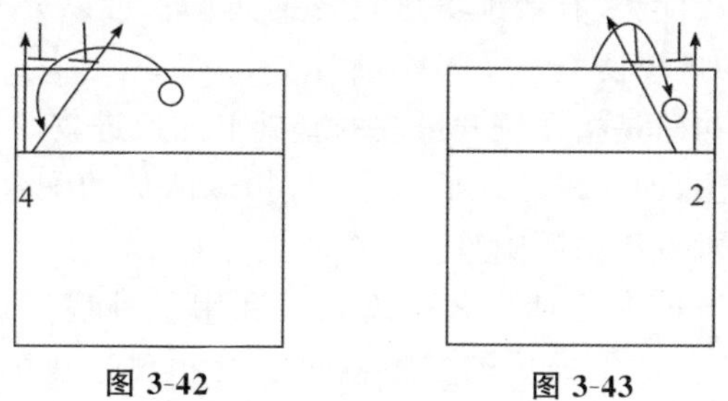

图 3-42　　图 3-43

③围绕进攻:进攻队员从二传队员身后绕到前面扣球,称为前围绕进攻(图 3-44);进攻队员从二传队员前面绕到身后扣球,称为后围绕进攻(图 3-45)。围绕跑动换位的目的是为了充分发挥进攻队员扣球特长和避开对方的拦网。

④调整进攻:当一传不到位,球的落点离网较远时,由二传队员或其他队员将球调整到网前进行的扣球进攻打法称为调整进攻。这种打法在接扣球进攻中运用较多。

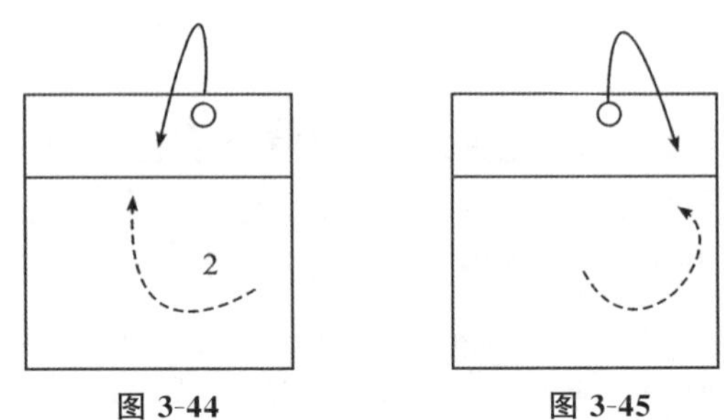

图 3-44　　图 3-45

(2)快攻

快攻指各种平快扣球及以平快扣球掩护同伴进攻或自我掩护进攻所组成的各种快速多变进攻战术的总称。快攻是我国排球的传统打法。由于快攻具有速度快和掩护作用强的特点,能在时间和空间上发挥优势,有效地突破对方的防御。可以分为平快球进攻、快球掩护进攻两类。

①平快扣球是指在拉开进攻的基础上加快进攻的速度的一种扣球进攻打法,即二传传球低或平,与扣球队员的配合节奏快,从时间上造成对方拦网的困难。可参见图 3-42。

②快球掩护进攻是一名进攻队员利用各种快球进行佯攻掩护,然后二传队员将球传给其他进攻队员扣球进攻的进攻打法。快球掩护进攻能帮助其他进攻队员摆脱对方集体拦网,造成以多打少甚至空网进攻的机会。佯攻队员就积极跑动进行掩护,二传队员灵活机动进行传球,扣球队员要全力快速跑动实扣,只有虚实并举,才能起到更好的效果。

快球掩护进攻主要是由中间快球掩护,两边拉开进攻。高水平的队还可以进行交叉等跑动掩护进攻打法。

交叉进攻打法:一名进攻队员快球掩护,另一名进攻队员与其交叉换位后在二传身旁扣半高球。这种打法能造成对方两名拦网队员互相阻挡，因而突然性强，攻击性大，效果好。

(3)两次攻及其转移进攻

当在接发球时，接一传的队员可以将球挑高至进攻队员处，由进攻队员直接进行二次球进攻。这种有两次机会进攻的方式称为两次攻。两次攻加快了进攻的速度，改变了进攻的节奏，使对方难于防守。两次转移进攻即佯装进行二次攻将对方拦网骗起时，将球传给另一侧同伴进行进攻，这种战术打法主要是迷惑对方拦网，但由于这种战术对一传的要求较高，技术难度较大，因此在比赛中运用的机会不多，一般在对方发球攻击性小，扣球威力不大或把球垫过来时采用。

示例一：场上任何一名队员接一传时直接将球高弧度地接给其他进攻队员，进攻球员原地起跳，突然运用两次球进攻。图 3-46 只是其中一组配合。其他队员两两之间均可进行此配合。

示例二：当进攻队员跳起做扣球动作时，发现对方进攻拦网，可以虚晃一下，在空中变扣球为传球，转移拉开传给的前排 4 号位队员进攻，这种打法叫长传转移(图 3-47)。如果跳传将球转移给较近位置的队员进攻，叫作短传转移所示。长传转移隐蔽性高，而且充分利用网长，突然性大，便于避开对方拦网。因此在比赛中经常被采用。图 3-47 只是转移进攻中的一种配合形式，其他配合形式根据场上队员的不同位置进行搭配。

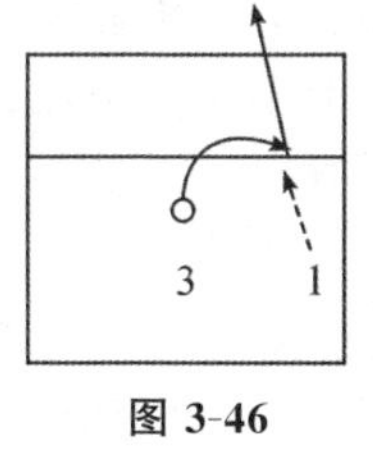

图 3-46

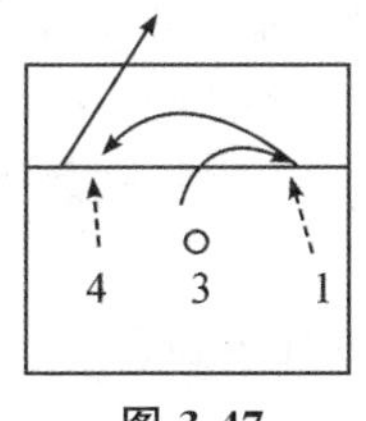

图 3-47

（三）“四攻”战术系统及运用

1．接发球及其进攻（一攻）战术系统

接发球及其进攻，也称为“一攻”，它包含着防守和进攻两方面。这个系统主要包括一传、二传、扣球等环节。接发球及其进攻的基本任务是将对方发过来的球接起来，并尽量准确地供给二传队员来组织各种进攻战术，直接得分或保证不失分。

（1）接发球的基本要求

①正确判断：应根据发球队员的位置进行第一次判断，以确定合理的取位。发球队员击球后，再根据其发球手法、球的飞行路线和性能进行第二次判断，及时移动进行位置上的调整。

②合理取位：如对方发球弧度高，落点分散，接发球站位应前后分散均衡站位。由于气排球较轻易下坠，所以接发球站位应稍微靠前，靠近进攻线处；如对方发球速度快、弧度平、落点比较集中，接发球的位置要稍稍压后，队员前后靠近。

③分工与配合：接发球的分工：后排队员接发球的范围可相对扩大些；接发球技术好的队员分工范围可大些，反之可小些。接发球的配合：互相保护，互相弥补。当一人接发球时，其他队员特别是相邻队员应注意保护，随时准备接应。一旦球打手飞出界外、平冲入网或飞过球网时，其他队员相应的采取措施，这样既可减少失误，又可鼓舞士气。

（2）接发球进攻的战术变化

强攻战术是基础，快攻战术是重点，应根据队员的技术、战术水平以及临场的实际情况，合理地运用快攻、强攻和两次攻，灵活组织多种多样的战术配合，给对方出其不意的攻击，以取得良好的进攻效果。

2．接扣球及其进攻（防反）战术系统

接扣球及其进攻的过程包括拦网、后排防守、二传或调整二传、扣球等几个相互衔接的部分。其中拦网是第一道防线，后排防守是反攻的基础，二传或调整二传是组织反攻的桥梁，而反攻中的扣球是成败的关键。接扣球及其进攻的质量如何，是直接影响到能否得分的重要问题。因此，接扣球及其进攻在比赛中占有更为重要的地位。

(1)接扣球的防守战术

接扣球防守是由前排拦网和后排防守两部分组成。有效的拦网不仅可以抑制对方的进攻，而且还可以直接拦死对方的扣球，起到进攻的效果。后排防守是前排拦网的后盾，起到保护拦网，弥补拦网的作用，把没有拦到的球接起来后，再组织进攻。所以只有前后排队员紧密配合，才能收到预期的防守效果。

①集体拦网：是在个人拦网技术的基础上进行二、三人的协同拦网配合。

拦网配合的注意事项：组成集体拦网时，要以一人为主，另一人或二人配合其行动，防止各行其是；主拦队员要抢先移动正确取位，以便同伴配合；起跳时相互之间要保持好距离，并控制好身体重心，避免相互冲撞或干扰；拦网队员在球网上空的手之间的距离既不能让球漏过，又要组成尽可能大的阻截面。

双人拦网(四人制)：双人拦网是集体拦网的主要形式。根据对方不同的进攻位置，双人拦网的具体分工也不同。当对方从 4 号位组织进攻时，应以本方 2 号位队员为主，3 号位队员协同配合，组成双人拦网；当对方从 2 号位组织进攻时，应以本方 4 号位队员为主，3 号位队员进行协同配合双人拦网(图 3-48)；当对方从 3 号位组织进攻时，应以本方 3 号位队员为主，4 号位或 2 号位协同配合拦网(图 3-49)。

三人拦网(五人制)：当对方进攻凶狠有力，吊球较少，或在某些轮次进攻异常顺利，采用双人拦网难以阻拦其进攻时，可以组织

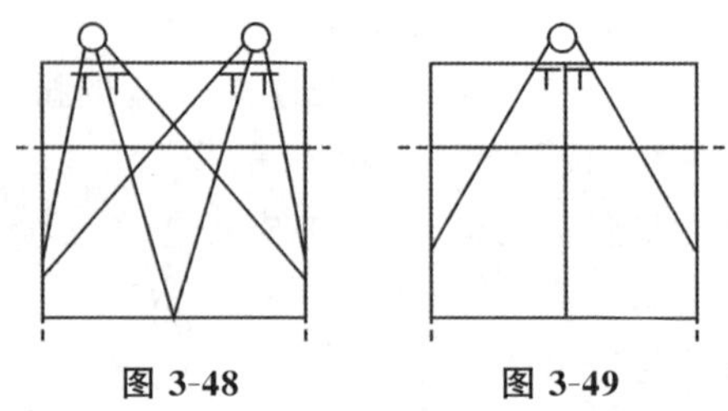

图 3-48　　图 3-49

3 人拦网。在组织 3 人拦网时，一般应以中间队员为主，两侧队员协同配合拦网。有时根据对方进攻的特点，也可以 2 或 4 号位队员为主，另外两个队员协同配合拦网。采用 3 人拦网，加强了第一道防线，但增加了后排防守的困难，对组织反攻也有所不便。因此在比赛中应根据对方进攻的具体情况灵活采用。

拦网战术的变化：当对方进攻威力不大，路线变化不多时，一般多采用单人拦网；当对方进攻威力较大，打吊结合，战术灵活多变时，应积极组织双人拦网；当对方进攻凶狠有力，吊球较少可以灵活采用三人的集体拦网。

示例一：人盯区拦网战术。前排拦网队员各负责一个区，无论对方采用何种进攻战术，本方仍然可以采取盯区拦网。

示例二：人盯人拦网战术。拦网队员各自负责对方进攻队员，无论对方跑向何处进攻，均由专人盯住他拦网。其优点是职责清楚，分工明确，以免造成无人拦网的局面。缺点是当对方利用战术进攻时，拦网队员容易相互阻挡。

②后排防守：后排防守是第二道防线，是组织反攻战术的基础，是关系到能否得分的重要问题。同时，后排防守还体现一个队的精神面貌，能鼓舞士气、增强信心、激发队员的斗志。

后排防守应注意的事项：

与拦网的配合：后排防守必须与前排拦网密切配合，互相弥补。一般情况下，拦网的主要任务是封住对方的主要进攻路线，后排防守的任务是堵住拦网的空隙和对方的次要进攻路线，以及防起对方的吊球或打手出界球。

示例一：对方主要进攻路线为直线时，本方应拦直线、防斜线（图 3-50）。

示例二：对方中间队员进攻时一般有两条线，本方如拦直线，则应防转体、转腕斜线；如拦转体斜线，则防直线（图 3-51）。

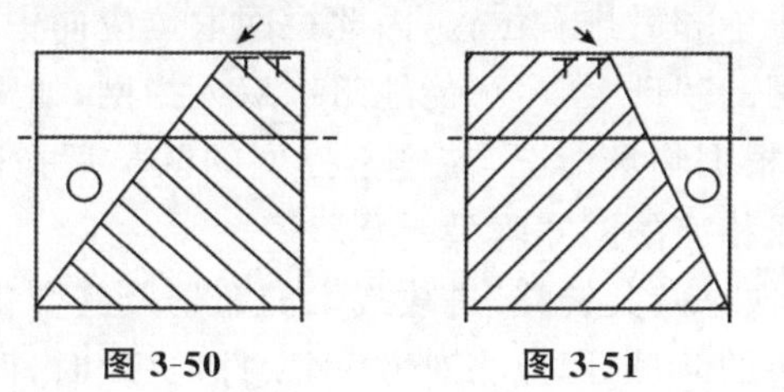

图 3-50　　图 3-51

互相弥补和接应：后排防守中，当发现其他队员判断行动失误时，其他队员都应作好接应的准备，主动采取弥补措施，抢救防起垫飞的球。另外，前排拦网队员落地后要及时转身接应后排防守起来的球，并立即转入反攻。

具有良好的心理品质：心理因素在后排防守中起着重要作用。因此，比赛中队员要树立必胜的信念，发扬勇猛顽强、不怕摔打的拼搏精神。同时，防守队员要互相呼应，互相鼓励，这样既能调节自己的情绪，使中枢神经处于良性兴奋状态，又能起到活跃场上气氛、鼓舞斗志的作用。

③防守各种进攻战术的布局及其变化的形式：由于各种进攻战术的特点不同，因此在布防时既要考虑本方情况，又要考虑对方打法变化，灵活采用各种防守形式。

防守强攻战术的布局及其变化。强攻战术主要是以高点重扣、路线变化及远网调整扣球、后排进攻、超手扣球等方法的变换应用。为此，防守方靠近进攻点的前排队员，要根据对方二传球的落点和进攻队员的跑动路线，及时正确取位，与其邻近的队员应迅速移动、靠拢、组织双人或三人拦网。拦网时，要拦住扣球的主要路线，不拦网的队员要根据情况后撤，后排防守位置应在扩大防守面的前提下，与前排拦网紧密配合，相互弥补。

防守快攻战术的布局及变化。快攻战术变化虽多，但发动区域大多在后排中和后排右位置，因此拦网取位应向中间靠拢，在人盯人单人拦网的基础上，尽可能地组织双人拦网，如来不及组成双人拦网时，应根据临场情况，前排不拦网的队员后撤防吊球，或与后排队员组成相应的防守阵型。

防守“两次球及其转移”进攻战术的布局及其变化。“两次球”的进攻点两边的队员，因此当对方“两次球”进攻时，四人制比赛一般采用单人拦网，五人制比赛一般由3号位队员往两边靠拢组成双人拦网，另一名拦网队员准备拦转移后的快攻或后撤防“两次球”吊球；五人制比赛中，如果进行“两次球”进攻的队员攻击性较差，也可采取单人拦网，另两名拦网队员准备拦转移后的快攻或后撤防“两次球”吊球。

(2)接扣球进攻战术

接扣球进攻战术在比赛中出现的次数多，是得分的主要手段，对比赛胜负起着重要作用。进攻战术可采用接发球战术的形式，但运用时要复杂困难得多。

接扣球进攻战术的运用能力，首先取决于拦网的效果和后排防守起球的到位程度，还要看二传队员的组织能力、其他队员调整传球的能力和扣球队员扣调整球能力以及强攻能力与快攻意识等条件。接扣球进攻除直接拦死、拦回外，还有以下两种情况：

①触及拦网队员手后的组织进攻：在比赛中，球被拦起后落在

本方专区的情况不少，而这种球的飞行很不规律，因此，要根据具体情况，灵活运用各种打法，组织进攻。

前排拦起的高球，落点在前场或中场，可由扣球队员本人或跟进保护队员将球传、垫给后排队员，组织“两次球”进攻，进行突然袭击。在一传到位的情况下，可由跟进保护的队员“插上”组织进攻，接发球进攻时所运用的战术都可以采用。

前排拦起的低球，速度快，落点远，球不易传，垫至网前，则要求二传队员和其他队员都应积极准备，将球调整传给不拦网后撤的队员进攻。

②后排防起后的组织进攻：在前排没有拦到球时，主要靠后排防守起球组织进攻。

当后排队员防守起球时，前排二传队员在拦网落地后，立即转身传球。其他队员也要准备接应，离球最近的队员可作二传，组织进攻。当后排防起的球到位时，接发球所运用的战术都可以采用。

3. 接拦回球及其进攻（保攻）战术系统

接拦回球及其进攻也称为“保攻”，既不同于接发球进攻，也不同于接扣球进攻，是一种自成体系的进攻形式。保攻系统包括保护、二传、扣球等环节。自从规则允许过网拦网后，拦网即由消极的防守转为积极的进攻。因此，球被拦回的次数不断增加。比赛中，接好被拦回的球，不仅可减少失分，并且能增强扣球队员的信心。

(1)接拦回球的特点和要求：在扣球进攻的同时本方其他队员需要采取一种防守阵型，以便有效地接起被拦回的球。由于攻、拦之间的攻守转换时间极为短促，而被拦回的球，其飞行路线多数成锐角反弹回来，其速度快、路线短、离网近、突然性大，所以除要求队员具备快速敏捷的反应能力和掌握多种多样垫、挡、顶等防守技术外，还必须布置合理的防守阵型。

防拦回球时，队员选择的位置应根据扣球的方向、路线、力量和击球点离网的远近，以及对方拦网的高度和手型而有所不同。但扣球点附近是接拦回球最集中、最困难的地区，所以，这一地区应作为重点防守的地区。接拦回球的难度较大，能否完成保护同伴扣球的任务，对比赛的胜负有一定的影响。

(2)接拦回球的阵型及其变化：接拦回球的阵型应根据本方的进攻战术和对方拦网情况，以及参加防守的人数来确定。接拦回球时一般采用 4 人、3 人等阵型。

(3)接拦回球进攻：接拦回球进攻比接发球进攻、拦起后进攻及后排防起后进攻的难度更大，要求更高。一般有 3 种情况：

①如拦回的球角度小、速度快、落点近网，则要求第一次击球时尽量将球垫高，争取调整二传组织强攻扣球。

②如拦回的球速度慢、落点远网，则应有意识地将球垫给二传队员组织各种进攻战术、直接将球传给其他队员进行“两次球”进攻或在第一次击球时直接扣球进攻。

③如拦回的球弧度高、落点在中后场，则应通过二传组织一系列的快攻战术或组织两次球的进攻战术。其进攻形式与接扣球进攻基本相同。

4. 接传、垫球及其进攻(推攻)战术系统

接传、垫球及其进攻，简称“推攻”。推攻即接对方没有组成有效进攻而推过来的球组织进攻，这个系统包括接对方垫过来的球、二传、扣球等环节。排球比赛中，当对方无法组织进攻，被迫将球传、垫过网的情况，不仅在较低水平的队中经常出现，就是高水平的队比赛中也时有所见。这时，如果能抓住“机会球”，组织快变战术进攻，就能扩大战果争取得分。如果掉以轻心，不仅会丧失良机，还会导致被动局面。因此，接传、垫球及其进攻也是不应忽视的一个环节，其进攻形式与接发球进攻形式基本相同。

(1)接传、垫球的特点

在比赛中,以传、垫球方法击球过网,一般都是在不得已的情况下采取的。因此,接球的一方有较充裕的时间从容地将球传、垫起来组织进攻。但有时对方有意识利用各种方法给接球一方制造困难,如平传空当、垫高球、迫使二传队员接球等。其力量与速度虽不及扣球和发球,但落点刁、突然性大,也会造成接球一方难以组成有效的进攻战术。

(2)接传、垫球阵型及其变化

对方传、垫过网的球,根据其运用的时机、条件以及来球性能的差异,可采用以下几种接球阵型和进攻战术打法:

①当对方一传将球垫飞,接应队员将球调整在中、后场附近,第3次无法组织进攻时,本方后排二传队员尽早插到网前,前排队员快速后撤或换位,可以采用4人或3人接发球阵型,尽量组织“两次球”进攻,机会合适时也可在第一次击球时直接扣球进攻。

②当对方二传将球调整到中场附近,因高度限制,不能扣球时,常采用上手平传过网,并辅之找空当、弱区的方法。接这种球基本方法同上。

③当对方一传或二传击球时,有意识地将球突然传、垫过网时,本方发球队员应迅速进入球场防守补位在接扣球防守阵型的基础上,尽可能组织“两次球”战术,达到出其不意的效果。

④当对方传、垫球落在本方前区时,前排队员也已经后撤,这时可组织“两次球”进攻战术。如前排拦网队员还未后撤,可将球直接传向后方,后排队员跳起进行“两次球”进攻,或佯装扣球将球传至另一后排队员进攻(如图3-52、图3-53);如对方传、垫球落在后区,前排队员能较充裕地后撤准备进攻,此时组织战术方法与接发球进攻战术相同。

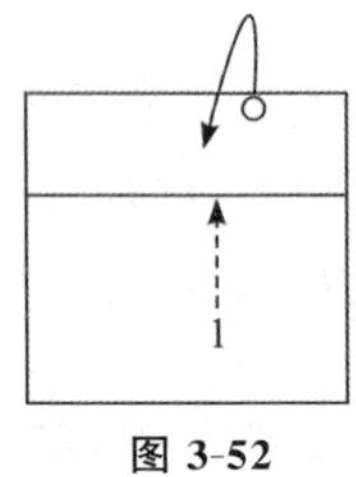

图 3-52

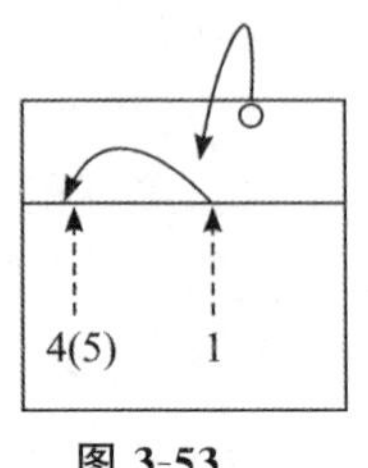

图 3-53

【知识窗】

中国对六人排球战术的贡献

1965 年国际排联对规则进行了修改:“允许手可过网拦网”,中国男排针对规则的这一变化,创造了“盖帽拦网”和“平拉开扣球”技术,开创了“小个子打大个子”的先河,20 世纪 70 年代后期至 80 年代,高快结合、攻防兼备的全面型打法闻名于世。这一时期,技、战术打法的创新继续推动着世界排球运动竞技水平的发展。70 年代后期,中国男排创造了“前飞”、“背飞”等空间差系列打法和“夹塞”进攻战术;中国女排发明了“单脚背飞”技术和“拉三”、“拉四”等各种错位进攻。

【思考与练习】

1. 试述气排球战术、气排球个人战术、气排球集体战术的定义。

2. 气排球比赛阵容配备的形式有几种?

3. 气排球比赛中的位置交换与信号联系有哪几种?

4. 气排球个人战术有几种?一传与扣球的个人战术有哪几种?

5. 气排球常用的进攻战术有几种?

第四章　气排球竞赛规则与裁判方法

【内容提要】　本章主要对气排球竞赛规则进行了讲解；阐述了气排球裁判员职责、工作方法与工作程序。

【教学目标】

1. 了解裁判员的职责，熟悉裁判员的工作方法和工作程序；
2. 了解气排球竞赛主要规则的概念；
3. 能在比赛实践中运用气排球规则进行裁判工作；
4. 能够修建并检测气排球场地。

【知识要点】气排球规则；气排球裁判法；气排球裁判工作程序。

第一节　气排球规则的演变

气排球运动1984年首创于我国呼和浩特铁路局集宁分局。当时只是健身娱乐并没有正式的竞赛规则。1991年10月由火车头老年体育协会组织编写了第一本民间《气排球竞赛规则》。1992年该规则印发到全国铁路系统各级老年体协。同年3月在河北石家庄举办了第一期全国铁路系统气排球教练员、裁判员培训班，为后来气排球的发展奠定了基础。

气排球始创于我国的铁路系统，但在我国的南方城市发展得比较快，特别是福建、浙江、广东、广西、江西、湖南等省。自从1991年诞生第一本《气排球竞赛规则》后，南方各地市就以自己当地自创的规则进行健身、娱乐、对抗运动。各地所组织的竞赛、网高、场地、打法五花八门，各显神通。为了更好地进行气排球交流，推动气排球运动的开展，2005 年 7 月由中国老年人体育协会审定发行了全国统一的《老年气排球竞赛规则》。有了统一的规则指导，气排球技战术在全国发展得更加迅猛，已经不单纯局限于老年人的运动项目了，大批的中青年以及大中专院校的师生都对气排球运动产生了极大的兴趣。显然老规则在某种层面上已跟不上气排球运动发展的需求了。经过气排球爱好者、排球专家学者们的多年考察与研究，并结合 2013 年出版的《气排球竞赛规则》，经过四年的实践，在新的一轮周期间，于 2017 年修改并出版了由中国排球协会审定的《气排球竞赛规则》(2017—2020 版)。

第二节　气排球规则与裁判员的作用

一、规则的作用

规则规定了运动员、教练员、裁判员遵守的制度、章程、条款、准则。气排球规则对气排球运动中的技战术标准进行了统一规范，是气排球竞赛工作的依据和法律文件。我国的气排球规则是由中国排球协会审定颁布。气排球规则具有严肃性与权威性，能促进技战术水平的发展、提高，保证了比赛条件的公平和判罚尺度的一致。

二、裁判员的作用

一名优秀裁判员的作用主要体现在整个比赛过程中。裁判员的工作应以规则为依据和准绳，根据规则赋予裁判员的职责与权利进行执法，在不违背规则精神的基础上，灵活、机动地运用规则，判断好每一个球，使每场比赛能够顺畅进行，让运动员能最好得发挥竞技水平，使广大观众享受比赛带来的快乐。

裁判员应具备的能力：

1. 对规则精神掌握理解的能力；

2. 对裁判法中支持什么、鼓励什么、反对什么的精神理解的能力；

3. 对掌握全局、有效组织好比赛的掌控能力；

4. 对掌握比赛节奏、使比赛顺利流畅进行的能力；

5. 对判罚尺度的公正、一致、准确的能力；

6. 对不文明、违背道德水准的处罚及正确行使规则赋予的教育功能的能力。

第三节　气排球主要规则与裁判方法

一、气排球比赛的场地、器材、设备

（一）气排球比赛的场地和规格

气排球比赛场地包括比赛场区和无障碍区组成。比赛场区为长 12 米、宽 6 米的长方形。其四周至少有 2～3 米宽的无障碍区，从地面向上至少有 7 米高的无障碍空间(图 4-1)。

（二）气排球比赛的场区与界线

1. 场区

(1)比赛场区：两条边线和两条端线规定的区域为比赛场区。边线和端线的线宽都包括在比赛场区的面积内。

(2)前场区：中线与进攻线(也称限制线)的实线所组成的区域为前场区。进攻线线宽包括在前场区的面积内。

(3)后场区：进攻线的后沿至端线所组成的区域为后场区。

(4)发球区：端线实线外与边线延长线上的发球短线至无障碍

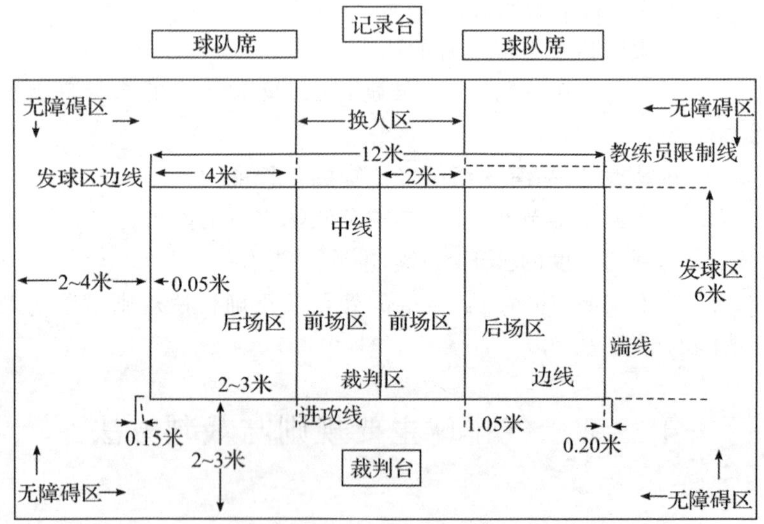

图 4-1　气排球比赛场地

区的终端所构成的区域为发球区,两条发球短线线宽包括在发球区面积内。

(5)换人区:两条进攻线的延长线与其边线至记录台前的区域为换人区。

2. 界线

(1)边线:比赛场地的两条长线称边线,各长 12 米。

(2)端线:比赛场地两端的两条线称端线,各长 6 米。

(3)中线:接连两条边线的中点的线称中线。中线的中心线把场地一分为二,分成 6 米见方的两个相等的比赛场区。

(4)进攻线:每个场区各画一条距离中线中心线 2 米的进攻线。进攻线(包括进攻线的宽度)前为前场区,进攻线后为后场区。进攻线外两侧各间距 20 厘米、长 15 厘米的三段虚线为进攻延长线。两条进攻延长线间、记录台一侧边线外的范围为换人区。

(5)发球区短线:端线后两条边线的延长线各画一条长 15 厘米,垂直并距离端线 20 厘米的短线,两条短线(包括短线宽度)之间的区域为发球区,发球区深度延至无障碍区的终端。

(6)跳发限制线:在距端线后 1 米处画一条平行于且与端线长度相等的平行线为跳发球限制线;跳发球必须在该线后完成起跳动作。

(7)教练员限制线:从进攻线的延长线至端线延长线,距边线 1.05 米并平行于边线由一组长 15 厘米、间隔 20 厘米的虚线组成教练员限制线;比赛中教练员活动区域为限制线外、球队席前的区域,球队其他成员坐在球队席上。

(8)场地内所有的界线线宽均为 5 厘米。

(三)气排球场地修建、划法与检测

1. 气排球场地修建的几点要求

(1)场地的选择:因气排球较轻,球体重量才 120～140 克,应选择室内为宜。如果没有条件也要选择避风的场所修建。

(2)场地的面积:场地的总体面积要考虑场区面积加无障碍区的面积。

(3)场地的坐落:为了避免日照的耀眼,场地最好选择南北朝向。

(4)场地地面材质的选择:从人体的健康角度出发最好选择土质或木质的地面。地面要求平坦、水平、划一,不得有任何可能造成伤害的隐患。

(5)场地周围设施:为了便于教学、训练、比赛,场地的四周最好设置挡网。

2. 气排球场地的丈量划法

场地的丈量画线最好用钢尺或皮质卷尺,不宜用布卷尺或绳子、线类等物品,以免容易拉紧、伸缩而影响场地画线的精确度。

(1)先在空地上找出整块场地的中心点,而后用皮尺按中心点向东西方向拉一条长 6 米的中心线,此线即为场地的中心线。

(2)在距离中心线左右 2 米处各画一条平行于中心线的实线(0.05 米的线宽包括在 2 米区域内),此线即为进攻线。沿着进攻线的延长线向外两边各画三条长 0.15 米、间隔 0.20 米的短线,即为进攻线的延长虚线。

(3)在距离中心线两侧 6 米处各画一条平行于中心线的端线(0.05 米线宽包括在 6 米区域内)。

(4)用两条长 12 米的边线连接两条端线,在边线的延长线上,距端线 0.20 米处画两条长 0.15 米的发球区短线(短线线宽包括在 6 米发球区内)。

3. 气排球场地的检测

检查方法:将钢尺的一端固定在场地的端线一角点,然后分别向两条进攻线、中心线和另一条端线的对角线分别进行测量。例如:近端进攻线为 7.21 米,中心线为 8.485 米,远端进攻线为 10 米,端线为 13.42 米(图 4-2)。

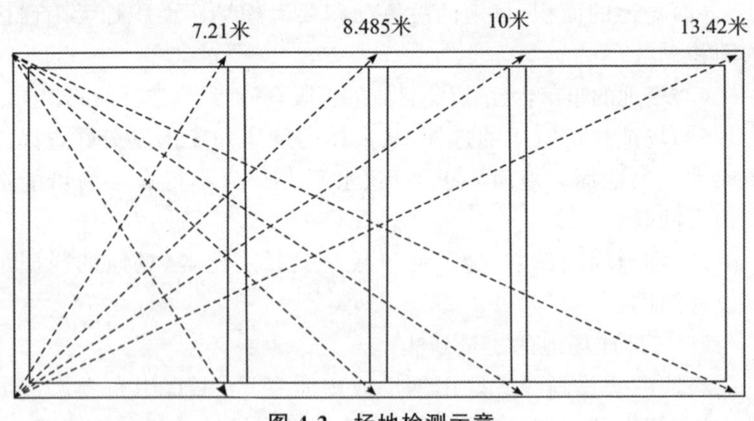

图 4-2　场地检测示意

(四)气排球比赛的主要器材、设备

1. 球

(1)球是圆形的,球的面料由柔软的高密度合成革材质制成。

(2)球的颜色为白色,黄色或彩色。

(3)球的圆周为72~78厘米,球的重量为120~140克,球的气压为0.15~0.18千克/平方厘米。

(4)一次比赛所用的球必须是同一特性、同一品牌的球。

2. 球网

球网架设在垂直地面中线上空。球网为黑色,长7米,宽0.8米,网孔为8厘米见方。网的上沿缝有5厘米宽的双层白色帆布,中间用柔软的钢丝绳穿过,网的下沿用绳索穿起,上下沿拉紧并固定在网柱上。球网的两端各系一条宽5厘米,长0.8米的标志带,垂直于边线。在两条标志带外沿、球网的不同侧面,分别设置长1.80米,直径1厘米的标志杆,高出球网1米。标志杆每10厘米涂有红白相间的颜色。

3. 球网高度

正式比赛:

(1)老年组:男子网高2米,女子1.8米。

(2)中青年组:男子网高2.1米,女子1.9米。

(3)球网高度必须从场地的中间丈量为准,且球网两端离地面的高度必须相同,不得超过规定网高2厘米。

4. 网柱

(1)网柱是两根金属且可以调节高度的光滑圆柱制成。两根网柱安装在距离地面0.5~1米的中线延长线上。

(2)网柱外应用海绵类软质护套或使用类似软布材质将网柱包裹住,以防运动损伤。

5. 标志带

标志带为白色,宽5厘米,长1米,安置在球网两端,垂直于边线上空。两条标志带被确认为是球网的一部分,其作用等于是网上的界线。

6. 标志杆

标志杆长 1.80 米,直径 10 毫米,高出球网部分 80 厘米,高出部分每 10 厘米涂有红白相间明显的对比颜色。它是用玻璃纤维或类似材质制成的有韧性的杆子。两根标志杆分别设置在球网两侧标志带的外沿并垂直于两条边线的外沿。标志杆是球网的一部分,被视为过网区的边界。

7. 司线旗

司线旗为红色,规格为 40 厘米×40 厘米,正式比赛司线员可 2~4 人。

8. 量高尺

用于丈量球网高度,可用硬材质,上面刻有每个组别高度的尺子。

9. 裁判台

裁判台必须是高度可以调节,便于裁判员判断的工作台。裁判台高度应使每个裁判员最佳水平视线高出球网水平上沿 50~80 厘米。

10. 其他

记录台的桌椅,替补队员席的长或短椅,记分牌,换人牌等。

二、比赛的参加者

(一)球队的组成

1. 一个队最多可由 10 人组成,其中有 1 名领队,1 名教练员,8 名队员,比赛中领队、教练员可兼运动员。

2. 只有登记在记录表上的队员方可进入场地练习和参加比赛,一经教练员、队长在记录表上签名后即不得更改。

（二）球队的位置

比赛中，除上场队员外，替补队员可坐在他们场地一侧的球队席上。替补队员也可以在本场区的无障碍区外做无球的准备活动（教练员可以暂时离开）。

（三）球队的装备

1. 队员服装要统一，上衣前后须有号码，序号为1～10号，身前号码至少15厘米高，身后至少20厘米高，号码笔画至少2厘米宽，队长上衣应有一条与上衣颜色明显不同的长8厘米、宽2厘米的标志。

2. 运动鞋必须是没有后跟的柔软轻便的胶底鞋，不允许佩戴任何易造成伤害的饰物。

（四）参赛者的权利和责任

参赛者应遵守规则，并尊重裁判、尊重对手、尊重观众，服从裁判的判决，不允许争辩。教练员和队长对全队成员的行为和赛风赛纪负责。

1. 教练员

(1)教练员赛前应核对记录表上登记的本队队员名单、号码后并签字确认。每局比赛开始前将该局上场队员位置表交第二裁判员或记录台。

(2)比赛中教练员坐在靠近记录员一端的球队席上（可以暂时离开）。

(3)教练员可以请求暂停或换人，在场外行使指导。他可以在球队席前，限制线后的无障碍区域内站立或走动，但不得干扰或延误比赛。

2. 队长

(1)场上队长应有明显的队长标志，如换下场时应及时指定另一名场上队员担任队长。

(2)队长赛前在记录表上签字并代表本队抽签。

(3)在教练员缺席的情况下,场上队长在比赛中可以请求暂停和换人。

(4)只有场上队长在比赛成死球时向裁判员提出请求对规则和规则的执行进行解释,转达本队队员提出的问题和请求。如果对解释不满意他可以保留赛后在规定时间内向第一裁判员提请抗议或声明并登记在记录表上的权利。

(5)比赛结束后感谢裁判员,并在记分表上签字。

(五)裁判方法

1. 第一裁判员到场后首先检查记录表上登记的队员名单号码是否与秩序册上的确认名单相符。

2. 检查上场准备活动的人员是否与记录表上的人数相符。检查队员服装是否统一,有无号码,有无不允许佩戴的饰物。

案例 1

问题:2011 年全国老年人气排球比赛某队有 2 名队员分别佩戴钻戒和项链参加比赛。第一裁判员发现后要求她们摘掉,项链摘掉了,但钻戒摘不下来。这种情况下,第一裁判员允许她戴着戒指参赛吗?

裁定:规则规定是不允许佩戴饰物参加比赛的。所以第一裁判员要注意检查运动员的饰物,发现后原则上必须摘掉,如果确实摘不下来,运动员必须用胶布或胶带将饰物缠好、缠牢,以避免自己受伤或伤及队友。裁判员必须明确告诉这名队员和教练员,她已经违背了规则精神,必须对由钻戒引发的伤害后果负责。

3. 组织抽签仪式时向双方队长交代比赛中应该注意的问题，如违反规则精神，刺激对方，不道德的言行，等等。另对教练员和场上队长在比赛中应履行的权利和责任交代清楚，对替补席的管理要求，等等。

案例 2

问题：在第一局和第三局比赛开始前，抽签获得优先选择权的队长该如何选择呢？

裁定：抽签获胜方可选择：1. 发球；2. 接发球；3. 场区。

1. 若获胜队选择场区，则另一方自然获得未选场区并且可以选择发球或接发球。

2. 若获胜队选择发球，另一方自然获得接发球并且可以选择场区。

3. 若获胜队选择接发球，另一方自然获得发球权并且可以选择场区。

三、比赛方法

（一）计分方法

1. 比赛采用每球得分制。

2. 胜一分：球成功地落在对方场区；某队因失误或犯规以及受到其他判罚时判对方得一分。

3. 胜一局：中青年比赛第 1、2 局先得 21 分同时超过对方 2 分的队获胜，当比分打到 20∶20 时，比赛继续进行至某队领先 2 分（如 22∶20、23∶21）为止。老年比赛先得 21 分的队为胜一局，当比分打到 20∶20 时，先得 21 分的队胜该局。

4. 胜一场：比赛采用三局两胜制，先胜两局的队为胜一场。

如果 1∶1 平局时，进行决胜局(第三局)的比赛。

5. 决胜局：当双方胜一局后应进行决胜局的比赛，决胜局 8 分时应交换场地，比赛按照交换时的阵容继续进行，当比分 14∶14 时，比赛继续进行至某队领先两分(如 16∶14、17∶15)为止。

(二)弃权与阵容不完整

1. 某队被召唤后拒绝比赛或无正当理由而未能准时到达比赛场地，则宣布该队为弃权，对方以每局 21∶0 的比分和 2∶0 的比局获胜。

2. 某队无正当理由而未准时到达比赛场地，则宣布该队为弃权，对方以每局 21∶0 的比分和 2∶0 的比局获胜。

3. 某队被判一局或一场比赛阵容不完整时，则输掉该局或该场比赛，判给对方胜该局或该场比赛所必要的分数和局数。阵容不完整的队保留其所得分数。

(三)比赛的组织

1. 抽签：比赛开始前和决胜局开始前，由第一裁判员召集双方队长抽签。

2. 抽签的选择：获胜者可选择发球或接发球或场区，另一方可选余下部分。

3. 准备活动：比赛开始前，两队各自在自己的半场练习 10 分钟。

(四)比赛阵容

1. 每队场上必须始终保持 5 名队员或 4 名队员的比赛阵容，队员的轮转次序应按位置表登记的顺序进行。

2. 一局开始前场上队员的位置与位置表不符时，须按位置表进行纠正，不予判罚。

3. 位置表一经交至第二裁判员或记录员，除正常换人外，阵容不得更改。

（五）场上位置

1. 五人制的位置：靠近球网为前排从右至左分别为 2、3、4 号位队员，后排从右至左为 1、5 号位队员（图 4-3）。

2. 四人制的位置：靠近球网为前排从右至左分别为 2、3 号位队员，后排从右至左为 4、1 号位队员（图 4-4）。

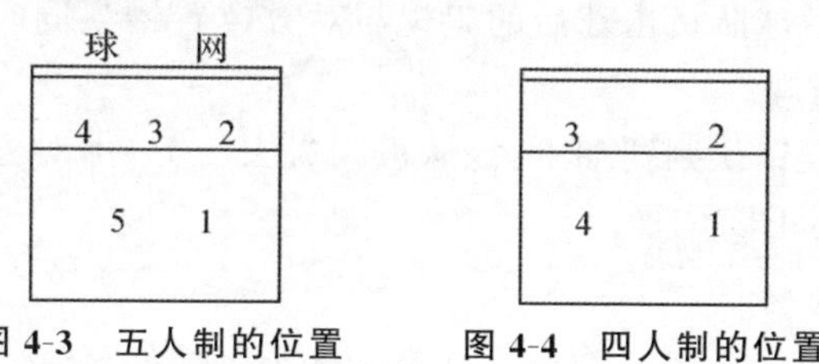

图 4-3　五人制的位置　　图 4-4　四人制的位置

3. 发球队员击球时双方队员（发球队员除外）必须在本场区内按轮转次序站位。

4. 每一名同排队员至少一只脚的一部分距相邻的边线更近，同列队员则距中线或端线更近。

5. 队员站位是否错误应根据其脚的着地部位判定。

6. 同列后排队员的双脚距中线更近；五人制前排 3 号位队员与后排队员没有站位位置关系。

7. 同排队员站位规定：四人制前排右（左）边队员至少有一只脚的部分，比同排左（右）队员的双脚距右（左）边线更近。后排右（左）边队员至少一只脚的一部分，比同排另一名左（右）边队员的双脚距右（左）边线更近；五人制前排右（左）边队员至少有一只脚的部分，比同排中间队员的双脚距右（左）边线更近。后排右（左）边队员至少一只脚的一部分，比同排另一名左（右）边队员的双脚距右（左）边线更近。

8. 发球击球后，队员可以在本场区和无障碍区的任何位置。

（六）位置错误

1. 当发球队员击球时，如果队员不在其正确位置上，则构成位置错误犯规。

2. 当发球队员击球时的犯规与对方位置错误同时发生，则判发球犯规。

3. 当发球队员击球后的犯规与对方位置错误同时发生，则判位置错误犯规。

4. 位置错误判罚如下：该队被判失去 1 分，由对方发球；队员必须恢复到正确位置。

（七）轮转

1. 比赛中发球次序以及队员场上位置的轮转均以位置表为依据。

2. 某队得 1 分，同时得发球权后，所有队员必须按顺时针方向轮转一个位置，由 2 号位队员轮至 1 号位发球。

3. 如某队因对方被判罚而得 1 分，本方所得该分后也必须轮转一个位置，原该分该轮的发球队员不再发球，轮转由下一轮发球队员发球。

（八）轮转错误

没有按照位置表轮转次序进行的发球为轮转错误，按照顺序进行如下判罚：该队失 1 分，由对方发球；队员的错误轮转次序必须纠正；记录员应该准确地确定其错误何时发生，从而取消该队自犯规发生后的所有得分，对方得分仍然有效；如果不能确定犯规发生的时间，则仅判失 1 分，由对方发球。

（九）裁判方法

1. 决胜局 8 分未及时交换场地时，何时发现何时交换，保留交换时的比分。

2. 对于弃权的判罚要慎重:拒绝比赛的原因要与技术代表或裁判长商定后再判。对于无正当理由未及时到场的要给予 15 分钟的等待。弃权与阵容不完整判罚发效应请对方队长在计分表上签字并请记录员写明原因。

3. 队员位置错误的判断依据是发球队员击球时的一瞬间以队员身体的着地部分是否距相邻的参照物更近。

(1)当发球队员击球时的犯规与位置错误同时发生时,应判发球犯规在先。

(2)当发球队员击球后的犯规与位置错误同时发生时应判位置错误在先。

(3)判该队失去一分,由对方发球。队员恢复到正确位置。

4. 当发现发球次序错误时,首先检查确定错误从何时发生,取消错误发生后的所有得分。对方得分有效。如不能确定错误发生的时间则按当前错误判失一分,由对方发球,恢复正确的轮转次序。

四、比赛行为

(一)比赛状态

1. 比赛开始:裁判员鸣哨允许发球,发球队员击球时比赛开始。

2. 比赛中断:裁判员鸣哨则比赛中断,但如果裁判员是由于比赛中出现犯规而鸣哨的,则比赛的中断实际上是由犯规的一刹那开始的。

3. 界内球:球触击比赛场地的地面或界线为界内球。

4. 界外球(下列情况为界外球)

(1)球接触地面的部分完全在界线以外;

(2)球触及场外物体、天花板或非场上的成员等;

(3)球触及标志杆,以及标志杆以外的球网、网绳或网柱;

(4)球的整体或部分从过网区以外过网进入对方场区;

(5)球的整体从网下穿过；

(6)球的整体越过中线的延长线。

(二)比赛中的击球

比赛中队员与球的任何接触都视为击球,队员必须在本方场区和本方无障碍区空间击球。

1. 球队的击球:每队最多可击球三次,无论是主动击球或被动触及,均作为该队的一次击球。

2. 连续击球:一名队员不得连续击球两次。

3. 同时触球:两名或三名队员可以同时触球。

(1)同队两或三名队员同时触到球,被记为两次或三次触球(拦网除外)。如果只有其中一名队员触球,则只记一次。

(2)两名不同队队员在网上同时触球后,球落一方可再击球三次,如球落某方界外,被认为对方击球出界。如造成停留,则判“双方犯规”,该球重新进行。

4. 借助击球:队员不得借助同伴或任何物体支持进行击球,但可以拉住或挡住即将犯规的同队队员。

5. 击球的性质

(1)球可以触及身体的任何部位,必须被击出,而不是接住或抛出、扔出。

(2)击球时,(包括第一、二、三次击球)在一个动作中允许身体的不同部位连续触球。

6. 击球时的犯规

(1)持球:没有将球击、拍、挡出,而造成接住、抱住、停留、抛出、扔出。

(2)连击:一名队员连续击球两次或球触及身体的不同部位时且有两个不同的动作。

(3)四次击球:一个队连续击球四次。

(4)借助击球:同上。

(三)球网附近的球

1. 球必须通过球网上空的过网区进入对方场区。过网区时球网垂直平面部分，其范围是下至球网上沿，两标志杆内延长至天花板之间的空间。

2. 球通过球网时球可以触网，球下网后，在该队三次击球内，可以再次击球。

(四)球网附近的队员

1. 在不妨碍对方比赛的情况下，允许队员从网下穿越进入对方空间。

2. 队员的一只(两只)脚部分越过中线触及对方场区的同时，其余部分接触中线或置于中线上空是允许的，不判为犯规。

3. 队员除脚以外，身体任何其他部位触及对方场区为犯规。

4. 比赛中断后队员可以进入对方场区。

5. 在不干扰对方比赛的情况下，队员可以穿越进入对方的无障碍区，但不得击球。

6. 触网

(1)队员触网即犯规，比赛过程中在任何情况下都不得触网。

(2)队员击球后在不影响比赛的情况下可以触及网柱、网全长以外的网绳或其他物体，但不得干扰比赛。

(3)球被击入球网而造成球网触及队员，不算犯规。

案例 3

问题：中青年气排球比赛中 2 名队员在拦网下落转身时手臂大触网，对方队员提醒裁判触网，裁判员未判触网犯规，正确吗？

裁定：错误。因为队员触网即犯规，比赛过程中在任何情况下都不得触网。

案例 4

问题：中青年比赛中二传传球后重心不稳冲入网中触网，被同伴抱住，与此同时也轻微地撞到对方拦网队员，裁判判该队员触网犯规，正确吗？

裁定：正确。因为该队员在触网的同时触到对方拦网队员并影响了对方拦网的发挥。

(五)发球

1. 发球的定义：后排右(1 号位)队员在发球区将球击出而进入比赛的行为，称作发球。

2. 首先发球，第一局和决胜局由抽签选定发球权的队首先发球。第二局由第一局未首先发球的队发球。

3. 发球次序：队员发球次序按位置表的顺序进行。当发球队胜一球时须按顺时针轮转一次发球，当接发球队胜一球时，获得发球权并轮转。每个队员只能发一次球就要轮转。

4. 发球的允许：第一裁判员观察发球队员握球在发球区内且双方已做好比赛准备时，则鸣哨允许发球。

5. 发球的执行

(1)球被抛起或持球手撤离后，必须在球落地前，用一只手或手臂将球击出。

(2)发球时球在手中移动或拍球是允许的。

(3)发球队员在发球击球时，不得踏及端线和发球区以外地面。

(4)跳发球起跳时，脚不得踏及或超越跳发球限制线。起跳空中击球后，脚可以落在任何位置。

(5)发球队员必须在第一裁判员鸣哨后 8 秒钟内将球击出。

(6)发球队员将球抛起,未触及发球队员而落地,允许再次发球,时间连续计算在8秒钟内。

(7)发球队员在裁判员允许发球鸣哨的同时或之前发球,则重新发球。

6. 发球掩护犯规

发球队的队员个人或集体不得利用掩护阻挡对方观察发球队员和球的飞行路线。发球队队员个人或集体挥臂、跳跃或左右移动,或集体密集站位遮挡球的飞行路线,则构成掩护发球犯规。

7. 发球犯规

(1)发球次序错误。

(2)没有遵守发球的执行的规定。

(3)球触及发球队队员或球的整体没有从过网区内通过球网的垂直面,球触及场外物体。

(4)界外球。

(5)球越过发球掩护的个人或集体。

案例5

问题:一场比赛中,当比分16∶17时,甲队5号队员扣球得分,比分17平。此时全队和该队员都非常兴奋,均没有意识到发球轮次问题,甲队5号队员扣完球后没有询问发球次序就跑去发球,记录员也未及时提醒,第一裁判鸣哨允许发球,5号队员把球发出后,记录员发现发球次序错误,马上鸣哨。第一裁判员判甲队失发球权,乙队得1分。甲队全队不服,场上队长向裁判提出质问,认为裁判没有尽责。第一裁判应如何处理?

裁定：气排球属健身娱乐项目，起源于老龄人，故比赛过程中是允许询问发球次序的，在队员询问时，记录员有明确回答发球次序的职责，但没有预先告知的义务。因此，比赛中一旦裁判允许发球，队员将球击出，造成发球次序错误事实，则必须按规则执行判罚。甲队5号队员因扣了好球，追平比分，全队都沉静在喜悦的气氛中而忽略了询问发球次序，造成了发球错误的事实，第一裁判的判罚是正确的。处理方法：裁判员必须请乙方场上队长到裁判台前，向他解释清楚规则精神及判罚意见，请队长回去做好全队工作，恢复比赛。

（六）进攻性发球

1. 进攻性击球的定义

除发球外，所有直接向对方的击球都是进攻性击球。当球的整体通过了球网垂直面（包括触及球网后再进入对方空间）或触及了对方队员则被认为完成进攻性击球。在进攻性击球时，吊球是允许的，但击球必须清晰并不得接住或抛出。

2. 进攻性击球的限制

（1）进攻线后（后场区），队员可以对任何高度的球完成进攻性击球。但击球起跳时脚不得踏及或越过进攻线。

（2）击球后可以落在前场区。

（3）队员可以在进攻线前（前场区）完成进攻性击球，但球的飞行轨迹必须高于击球点，有明显向上的弧度过网进入对方场区。

（4）接发球队队员不得在本场区空间内对高于球网上沿的对方发球完成进攻性击球。

3. 进攻性击球的犯规

（1）在对方空间击球。

(2)在前场区完成进攻性击球，球的飞行轨迹没有高于击球点，球过网时没有明显向上的弧度(包括水平飞向过网)。

(3)在本场区空间对高于球网上沿的对方发球完成进攻性击球。

(4)击球出界。

案例 6

问题：甲方 7 号队员在扣球起跳时已踏及进攻线，但是球未过网，也未触及对方拦网队员，乙方 3 号队员在未触及球前触及网口白帆布带，裁判立即鸣哨判 7 号队员进攻性击球犯规。正确吗？

裁定：错误。进攻性击球犯规条件有三点：①队员在进攻线前或上；②球过网没有明显弧度；③球触拦网队员的手或过网垂直面。本例中的 7 号队员扣出的球并未过网，也未触及拦网队员的手，乙方 3 号队员触网，应判触网犯规在先。

案例 7

问题：甲方 3 号队员发球，球过网后落在乙方后排 5 号位靠前的位置，这时乙方 6 号队员快速用上手将高于球网上沿的球平推到甲方 1 号位，甲方把球接起，比赛继续进行，裁判没有判罚，正确吗？

裁定：错误。对处于本场区内高于球网上沿的对方发球完成进攻性击球是犯规的。因此第一裁判应立即鸣哨中断比赛，判乙方 6 号队员进攻性击球犯规。

案例 8

问题：甲方发球，乙方 4 号队员接一传，将球直接垫到 2 米线附近，球的弧度不是很高且低于球网上沿，这时乙方8号队员在进攻线前快速用大力勾手扣球手法将4号队员传来的一传以二次攻的战术形式扣入甲方，球在通过网垂直面时没有弧度，裁判员鸣哨判乙方8号队员进攻性击球犯规，是否正确？乙方队长向第一裁判员提出质疑，请求解释，第一裁判员应如何对该球做出合理的解释？

裁定：正确。第一裁判员的解释应抓住进攻性击球犯规的过网点而不是击球点。乙方8号队员进攻区内虽然击球点低于球网上沿，但这种扣球技术和手法足以使球在过网垂直面的一瞬间没有弧度。规则规定，在前场区完成进攻性击球，球过网时没有明显向上的弧度，包括平行飞向过网都是不允许的，并没有提到击球点的高低。

案例9

问题：比赛进行中，突然甲方扣二次球，乙方将球防起飞向甲方，落在进攻线附近，甲方4号队员站在进攻线上，看到乙方5号位没人，迅速用上手传球将球平推向乙方空位，球落地，裁判判甲方得分，正确吗？

裁定：错误。因为甲方4号队员是在进攻区内传球，球过网时没有明显弧度，因此第一裁判的判断是错误的。应判甲方4号进攻性击球犯规。

案例10

问题：甲方5号队员脚踏进攻线扣球，球打飞了，此时对方拦网队员跳起拦网时重心不稳，全脚掌越过中线踏及对方场地，第一裁判员鸣哨判甲方5号进攻性击球犯规，与此同时第二裁判员也鸣哨判乙方过中线犯规，该球应如何处理？

裁定：该案例重点在犯规的先后问题。甲方队员在进攻区内完成进攻性击球，而乙方队员拦网落地后过中线。根据本例是甲方将球打飞了，乙方是跳起后重心不稳才过中线，应该是过中线犯规在后，应判甲方进攻性击球犯规在先。如甲方在完成进攻性击球前（球越过球网垂直面）乙方先过中线，第二裁判的判罚才是正确的。

案例 11

问题：甲方9号队员拦网，将乙方5号队员进攻的球拦起在本方，形成有效拦网，甲方9号队员直接跳起双手将拦起的球再次下压，球落在乙方场区内。第一裁判员鸣哨判甲方9号队员进攻性击球犯规，该判罚正确吗？

裁定：正确。形成有效拦网后球在本方上空，且9号队员此时的位置是在进攻线前，跳起将球直接下压，球过网没有弧度，造成进攻性犯规。

（七）拦网

1. 拦网的定义

(1)队员靠近球网在高于球网上空企图阻挡对方来球的行动叫拦网。没有触及球的拦网行动叫拦网试图，触及球的拦网行动叫完成拦网，只有前排队员可以完成拦网。

案例 12

问题：比赛中甲方5号后排队员扣球后人落在前场区，乙方防起后2号队员打二次攻,甲方5号队员来不及后撤,靠近前排2名拦网队员,无意间伸出单手且高于球网,但未触及球,该球被同伴拦回后,乙方保护失误,裁判判甲方得分正确吗?

裁定:错误。因为甲方5号是后排队员,且靠近球网和2名拦网队员,伸手高于球网。虽然没有触到球,但已构成集体拦网,应判甲方后排拦网犯规。

(2)进入对方空间拦网:允许拦网队员的手过网拦网,但不得干扰对方击球。过网拦网的触球必须在对方进攻性击球之后;在对方进攻性击球同时或之前拦网触球均为犯规。

(3)当球飞向过网而尚未过网,有同队队员准备击该球时,不能过网完成拦网。

(4)集体拦网:2名或3名队员彼此靠近进行拦网为集体拦网,只要其中一人触球则完成集体拦网。

(5)老年人比赛规则规定拦网时击球点必须在本方场区空间。

案例13

问题:老年人比赛中,甲方进攻,乙方在本场区上空拦网,在扣拦的一瞬间乙方队员的双手有明显的手腕动作,球被拦回比赛继续,正确吗?

裁定:正确。老年人比赛的拦网队员双手手腕有明显动作,但是击球点在本方场区上空是规则允许的。

案例14

问题:甲方进攻,发现乙方3人拦网,瞬间改为吊球,并有一定的弧度。乙方3号队员原先用双手准备拦网,后因球的弧度高,3号队员开始下落,勉强用单手将球拦回,且手臂和手腕均有击球动作,球没有弧度,裁判视3号队员为拦网动作比赛继续进行,正确吗?

裁定:错误。甲方进攻改为吊球,并有弧度是合法的,乙方在本场区空间拦网也是合法的,但在触球一瞬间改为单臂,且手臂和手腕均有击球动作,球没有弧度。问题是乙方3号队员的动作是拦网,还是击球,根据这个比赛片段乙方3号队员不是拦网,而是击球,且球过网没有弧度,应判乙方3号队员进攻性击球犯规。

案例15

问题:中青年的比赛紧张激烈,已经打了十几个回合的攻防,突然一个前排保护球,弧度不高,飞向过网,且网前、球附近没有队员。对方8号队员在紧张、慌乱中伸手越过网垂直面将球拦起,比赛继续,正确吗?

裁定:正确。中青年比赛的拦网手可以伸手过网(老年人不允许伸手过网拦网)。

2. 拦网触球

在拦网的动作中,只要是一个动作,球可以连续触及一名或多名的拦网队员,且拦网触球不算作球队三次击球中的一次击球,拦网后可由任何一名队员进行第一次击球,包括拦网时已经触球的队员。

3. 拦网犯规

(1)拦网队员过网拦网,在对方进攻性击球的同时或之前触球。

(2)拦对方的发球。

(3)拦网时在对方第三次击球前或同时触球。

(4)后排队员完成拦网或参与完成拦网的集体。

(5)拦网出界。

(6)从标志杆外进入对方空间拦网。

(7)老年人比赛拦网时手在对方空间触球。

(八)裁判方法

1. 同时触球

比赛中允许两人或三人同时触球,裁判员要抢好角度,确实看清楚,用手势指明触球队员,或招呼场上队长交代清楚。如未看清两人同时触球或怀疑,可以通过第二裁判员或司线员沟通后再做判断。

案例16

问题:比赛进行中,3号拦网队员在下落中自我保护与同队跟进保护的8号队员同时触到该球,球飞向无障碍区。3号队员迅速跑动将球救回,裁判员没有判罚,正确吗?

裁定:错误。在保护时8号与3号队员同时击球,被视为二次击球,这2名队员均不得再次击球了。可是该球保护起来后,又被3号队员救回,明显已造成3号队员连击犯规,应判甲方得分。

案例17

问题:甲方扣球,乙方有效拦网。同队的7号与3号队员在防守时同时触球,9号二传队员将球传起,7号队员进攻,球打在甲方拦网队员手出界,裁判判乙方得分。正确吗?

裁定:错误。乙方有效拦网,不算击球。可是7号与3号队员在防守时同时击球,被记为全队的2次击球,之后9号二传又把球传给7号队员,7号队员扣球,当7号队员击球时就已造成该队四次击球犯规,应判甲方得分。

2. 过中线犯规

队员的一只(两只)脚部分越过中线触及对方场区的同时,其余部分接触中线或置于中线上空是允许的,不判犯规。但队员除脚以外,身体任何其他部位触及对方场区为犯规。吹罚过中线的哨音一定要快、响,最好抓现形。

案例18

问题:中青年比赛中一名队员鱼跃救险球,因惯性所致该队员髋关节以上身体均越过中线到对方场区,但并未影响对方球员,裁判立即鸣哨判过中线犯规,这个判罚正确吗?

裁定:正确。队员除脚以外,身体任何其他部位触及对方场区为犯规。

案例19

问题:中青年比赛中在滚翻救险球时队员一只脚全部越过中线但很快又收回,丝毫没有影响对方击球,裁判员未判过中线犯规,正确吗?

裁定:错误。因为已全脚掌越过中线了,应判过中线犯规。

案例 20

问题:比赛中乙方 5 号接起甲方 3 号的扣球,球从标志杆内飞向甲方的无障碍区,乙方 9 号穿越进入甲方无障碍区并未影响对方球员,且将球救回本方,裁判立即鸣哨判过中线犯规,这个判罚正确吗?

裁定:正确。因为在不干扰对方比赛的情况下,队员可以穿越进入对方的无障碍区,但不得击球。

3. 触网犯规

比赛规则规定队员触网即犯规,比赛过程中在任何情况下都不得触网。队员击球后可以触及网柱、全网长以外的网绳或其他任何物体,但不得干扰比赛。由于球被击入球网而造成球网触及队员,不算犯规。

4. 发球

把握好正确的发球哨音是很重要的,鸣哨前,必须观察记录台、替补席、双方场上队员;都就位没有其他问题;发球队员已握球等待,此时可给哨音允许发球。鸣哨后,观察发球队有无队员站场外,有无位置错误,发球队员有无发球犯规。一切正常视线才能随球而动。

5. 进攻性击球犯规

对于进攻性击球在判断上应把握两个方面:一是对处于本场区内高于球网上沿的对方发球完成进攻性击球。二是观察进攻队员是否在前场区,然后观察被击出球的飞行轨迹。在前场区,完成进攻性击球,球的飞行轨迹没有高于击球点,球过网时没有明显向上的弧度(包括水平飞向过网)。值得注意的是,队员在进攻区内捅来捅去不规则击球动作造成球的飞行轨迹平行或向下,而裁判经常漏判。

6. 过网击球犯规

在对方击球直接飞向拦网一方场区的过程中，如果对方有运动员在对方球网附近准备击球并可能击到该球，此时拦网在对方的空间先于或同时与对方触球，应判过网击球犯规。

7. 拦网犯规

判断是否拦网犯规应注意以下三点：

(1)观察参与拦网队员是否合法：这就要求裁判员对双方阵容，轮转到前排的队员要记清记牢。后排队员完成拦网或参加完成拦网的集体，即是拦网犯规。

(2)中青年拦网可以伸手过网，允许拦网队员的手过网拦网，但不得干扰对方击球。过网拦网的触球必须在对方进攻性击球之后；在对方进攻性击球的同时或之前拦网触球均为犯规。当球飞向过网而尚未过网，有同队队员准备击该球时，不能过网完成拦网。对老年人比赛要把握好触球点：不论对方是否完成进攻性击球，拦网触球点都不得超过网的垂直面，击球后手可随球过网不犯规。

(3)观察拦网动作：拦网是阻拦对方来球的被动行为，要与主动击球动作分开。

五、比赛间断与延误比赛

(一)比赛间断

正常的比赛间断有“暂停”和“换人”。只有在比赛成死球，裁判员鸣哨发球前，由教练员或场上队长用正式的手势，请求暂停或换人。

1. 暂停

每局比赛中，每队最多可请求两次暂停，每次时间为 30 秒，暂停时，比赛队员必须离开场地到球队席前的无障碍区。一次或两次暂停可与双方的各一次换人相连续，中间无须经过比赛过程。

2. 换人

(1)每局比赛每队最多可请求 4 人次(四人制)或 5 人次(五人制)换人，所换队员不受场上位置限制。

(2)换人必须在换人区内进行，替换一名或一名以上的队员都必须进入换人区，由第二裁判员以换人手势一对对相继进行替换。

(3)一局开始前允许请求换人，应计入该局的换人次数。同一队未经过比赛过程不得连续提出换人请求。但同一次可请求 1 人次或多人次换人。

3. 特殊换人

队员受伤或突发生病不能继续比赛时，必须先进行合法换人。如已不能进行合法换人时，可执行特殊换人，场外的任何队员都可以替换受伤队员，但该受伤队员不可在本场比赛中再次上场比赛。

在任何情况下特殊换人都不作为换人的次数计算。

4. 不符合规定的请求(下列情况为不符合规定的请求)

(1)在比赛进行中或裁判员鸣哨发球同时或之后提出请求。

(2)无请求权力的成员提出请求。

(3)同一队未经过比赛过程再次请求换人。

(4)超出规定的正常间断次数的请求。

在比赛中第一次没有影响和延误比赛的不符合规定的请求应予拒绝而不进行判罚。同一场比赛中再次提出不符合规定的请求应判延误比赛。

5. 例外的比赛间断

(1)伤害事故造成的比赛间断

比赛中突发伤害事故，裁判员应立即中断比赛，允许医务人员进场处理，该球重打。如该队员不能进行合法和特殊替换，则给予 5 分钟的恢复时间。同场比赛同一队员只允许一次恢复时间，5 分钟后仍不能进行比赛，则判该队阵容不完整。

(2)外因造成的比赛间断

比赛中出现任何外界干扰都应停止比赛。一次或数次间断时间累计不超过 2 小时。

①比赛仍在原场地进行,保留间断前的局、比分、场上位置,该球重新进行。

②比赛改在其他场地进行,保留已结束的局,取消间断局的比分,该局重打,但必须保留该局开始的阵容和位置。

一次或数次间断累计超过 2 小时,则全场比赛重新开始。

(二)延误比赛

一个人拖延比赛继续进行的不正当行动为延误比赛。

1. 延误比赛的类型

(1)换人延误时间。

(2)请求不合法的替换。

(3)再次提出不合法的请求。

(4)在裁判员鸣哨恢复比赛后,拖延暂停时间。

(5)球队成员拖延比赛的继续进行。

2. 对延误比赛的判罚

(1)延误比赛的判罚包括“延误警告”和“延误判罚”,是对全队,全场比赛有效的。所有的延误判罚都必须记录在记分表上。

(2)一场比赛中,一个队的成员第一次延误比赛应给予“延误警告”。同场比赛中同队任何队员造成任何类型的第二次以及其后的“延误比赛”,都应给予“延误判罚”,判失一分由对方发球。

(3)局前和局间的延误比赛判罚应记在下一局中。

(三)裁判方法

1. 比赛间断

每局比赛中裁判员要熟记双方合法的比赛间断(特别是第二

裁判员)，并与第一裁判员和记录员做好联系配合工作，对不合法的间断请求及时给予拒绝，如再犯则判延误。

2. 延误比赛

首先要清楚延误比赛的警告和判罚是对全队有效的，当一个队第一次受到延误警告后，只要该队的任何成员被判延误比赛都将失分和失球权。所有的延误警告和延误判罚都将登记在记分表上。

六、不良行为与判罚

(一)不良行为

不良行为分为轻微的不良行为和应给予判罚的不良行为。

1. 轻微的不良行为不进行判罚，但第一裁判员有责任防止运动队出现接近被处罚程度的行为。这里使用两种形式：

(1)通过场上队长进行口头警告；

(2)向有关成员出示黄牌，虽然没有处罚，但要登记在记录表上，警告该队其行为已经接近被处罚的程度。

2. 给予判罚的不良行为：

(1)粗鲁行为：违背道德准则或文明举止。

(2)冒犯行为：诽谤或侮辱的言语或形态，或有任何轻蔑的表示。

(3)侵犯行为：人身攻击、侵犯或威吓的行为。

(二)判罚等级

1. 不良行为的判罚等级是针对个人的，在全场比赛中有效，并登记在记分表上。

2. 同一队员在同一场比赛中重犯同一类型的不良行为时，按判罚等级升一级判罚。

(1)轻微不良行为:形式一,口头警告;形式二,出示黄牌。

(2)粗鲁行为:裁判员出示红牌,对方得1分并发球。

(3)冒犯行为:裁判员出示红牌+黄牌(同持一手),取消该局比赛资格,无其他判罚。被判罚的球队成员必须坐在本队球队席上。如果被判罚的是教练员,则失去该局的指挥权。

(4)侵犯行为:裁判员出示红牌+黄牌(双手分持),取消该场比赛资格,离开比赛控制区,无其他判罚。

(三)判罚的实施

1. 判罚失分、失球权

对于轻微不良行为的再犯和粗鲁行为的初犯。

2. 判罚出场

球队的任何成员被判罚出场都必须坐在球队席上,队员不得参加该局比赛,教练员不得进行该局场外指导,无其他判罚。

3. 取消比赛资格

球队的任何成员被取消比赛资格必须离开比赛控制区域,不得参加该场的比赛,无其他判罚。

4. 对所有不良行为的判罚都必须登记在记分表上

5. 判罚牌(红黄牌)的使用

(1)警告:口头或手势,场上队长或队员,无牌。

(2)黄牌:例如上述口头警告如果再次发生,向发生不良行为的成员进行黄牌警告(同时警告全队),意为已经接近处罚等级,虽无直接的处罚,但要登记在记录表上。

(3)红牌:判罚失分,失球权,球队的成员。

(4)一手持红黄牌:取消该局比赛资格,无其他判罚。被判罚的球队成员必须坐在本队球队席上。如果被判罚的是教练员,则失去该局的指挥权。

（四）裁判方法

比赛中出现不良行为的现象裁判员要及时发现，及时管理，既要慎重，又要胆大心细，做到判罚有理有节。尽量把不良行为控制在萌芽状态。裁判员必须做好非技术性的管理工作，严格管理就会减少不良行为的发生。一旦发生必须按照规则精神慎重处理。

第四节　气排球裁判员的职责与临场工作

一、裁判员的组成

一场比赛的裁判员由第一裁判员、第二裁判员以及 2 名司线员，1～2 名记录员组成。

二、裁判员的职责与临场工作

（一）第一裁判员的职责与临场工作

1. 第一裁判员的职责

(1)自始至终领导该场比赛，对所有裁判员和球队的成员行使权力。比赛中，他的判定为最终判定。如发现其他裁判员判断错误，他有权改判，甚至可以撤换不称职的裁判员。

(2)有权决定涉及比赛的一切问题，包括规则没有规定的问题。

(3)不允许对其判定进行任何讨论。但当场上队长提出请求时，他应对判定所依据的规则和规则的执行给予解释。如果场上队长表示不同意他的解释，并立即声明保留比赛结束后将抗议写在记分表上的权利时，他必须准许。

2. 第一裁判员比赛前临场工作

(1)组织临场裁判员和辅助裁判员的碰头会。

(2)组织临场裁判员检查场地、器材、设备。

(3)组织、主持挑选场区或发球权工作。

(4)掌握准备活动时间。

(5)组织主持入场仪式。

案例 21

问题：气排球比赛的场地布置要求。

裁判员执法的规范与程序。一场正规的气排球比赛的场地布置要求是：一张桌子(记录台)，桌上有队名牌和记分牌(台)，球队席(替补队员席)应根据规程规定参赛队员人数而定替补队员席位的数量(一般以替补人数加教练员1名为准)。裁判台高度应以裁判员登上裁判台后视线高出球网上沿50～80厘米为宜。裁判台设在记录台的对面。球队席设在记录台的两侧，从进攻线开始平行于边线，距边线至少2米的位置。球队席的功能是供教练员观察、指导比赛，替补队员准备比赛和休息的场所，不得搬移。双方提出暂停和换人的请求必须在记录台两侧的换人区或无障碍区内，否则裁判员不予受理。

3. 第一裁判员比赛中临场工作

(1)第一裁判员鸣哨中止比赛，他应指出(手势)：

①得分或应发球的队。

②犯规性质。

③犯规的队员(必要时)。

(2)对不良行为和延误比赛提出警告或进行判罚。

案例 22

比赛中甲方9号队员扣球，乙方双人拦网，保护队员喊“拦死它”，甲方9号队员扣球后落地，非常兴奋，手握拳头，对着对方拦网队员喊“噢”刺激对方，出现这种不良现象，裁判应如何管理？

裁定：在该案例的比赛片段中，乙方保护拦网的6号队员喊“拦死他”，无形中刺激了甲方9号队员，造成他举止不文明，此时第一裁判应将甲、乙双方这两名队员叫到裁判台前进行教育并给予口头警告，这样就会杜绝此类事件的再发生。对于此类不良行为的管理应在萌芽中，甲队9号和乙队6号队员在初犯时就要受到教育和警告，如9号或6号队员再犯时应进行黄牌警告(同时警告全队)，意为已经接近处罚等级，虽无直接的处罚，但要登记在记录表上。如再次再犯时应出示红牌判失1分，这才是裁判员正确的管理程序。

(3)判定：

①对发球犯规和发球队的位置错误及掩护发球等。

②对比赛中的任何击球(持球、连击、四次击球、过网击球、进攻性击球、触网、过中线等等)。

③允许合法比赛间断的请求。

④对意外比赛间断处理。

⑤对非技术性的任何问题进行管理。

4. 第一裁判员比赛后临场工作

(1)控制场上秩序，主持退场，与双方队长教练员握手致意。

(2)检查记分表并签字。

(3)组织临场裁判简单小结，相互致谢。

案例 23

问题：在省、市甚至全国的各级、各年龄段的气排球比赛中，经常会发生一场比赛到中途，替补席的席位少了，甚至没了，双方的教练员和替补队员散落在场地四周，造成双方在暂停或换人时，在场地的四周任何位置都可以向裁判员提出请求，而裁判员居然也会同意其请求。甚至第一裁判员动不动就跑下裁判台，为什么会经常造成这种乱象，裁判员应该怎么管理这些问题？

裁判员执法的规范与程序：一场比赛前第一裁判员要检查场地的设置，比赛中裁判员不但要对技术性犯规进行判罚还要对非技术性的问题进行严格的管理。管理的范畴是：记录台的工作；场上队员的作风；替补席的动态；无障碍区是否整齐划一；辅助裁判的工作情况；场外观众等等。裁判员的形象是否严肃、庄严的，不允许随随便便从裁判台上下来，只有发生了第二裁判员无法处理的问题时他才能从台上下来。一旦他下来了就被认为比赛出现了非常严重的问题。对于不是教练员或场上队员和不在指定区域内提出的暂停或换人的请求应拒绝。

(二)第二裁判员的职责与临场工作

1. 第二裁判员的职责

(1)明确是助手，但也有自己的权限，当第一裁判员无法继续工作时，可以替代。

(2)他除了规定的鸣哨职责外，还可以用手势指出他权限以外的犯规，但不得鸣哨，不得坚持。

(3)他掌管记录台记录员的工作及球队席的状况。

2. 第二裁判员比赛前的临场工作

(1)参加第一裁判员主持的临场碰头会。

(2)协助第一裁判员检查场地、器材、设备是否符合比赛要求。

(3)检查记录台的准备工作是否完善,请双方教练员确认名单和号码并签字。

(4)向双方运动队发放、收取位置表,交给记录台登记。

(5)参加第一裁判员主持的挑选球权和场区的仪式,并请双方队长签字。

(6)协助第一裁判员掌握准备活动时间。

(7)参加入场仪式。

3. 第二裁判员比赛中的临场工作

(1)第二裁判员鸣哨中止比赛,他应指出(手势):

①犯规性质。

②跟随第一裁判员指出发球或得分队。

③犯规队员(必要时)。

④鸣哨职责以外,协助第一裁判员判断的手势。

(2)第二裁判员鸣哨并做出手势的职责范围:

①网下穿越进入对方场区和空间(过中线)。

②接发球队的位置错误。

③队员触及球网。

④球触及障碍物或近端的标志杆。

⑤后排队员完成拦网。

⑥第一裁判员难以观察的球触及地面。

⑦球的整体或部分从过网区以外进入对方场区或无障碍区。

⑧暂停、换人。

(3)协助第一裁判员判断的手势但不得鸣哨的范围:

①四次击球。

②连击。

③拦网犯规。

④近端或后排的球触手出界。

⑤靠近他一侧的界内、外球(必要时)。

(4)第二裁判员的管理范围:

①每局和决胜局上场队员位置的核对与管理。

②掌管记录台的工作。

③掌管双方暂停、换人的次数,并及时通知第一裁判员和教练员。

④掌管好双方替补席人员和物品。

⑤注意观察双方参赛人员的不良行为和延误比赛的行为,并与第一裁判员及时沟通。

⑥管理好捡球员和擦地员的工作(必要时)。

4. 第二裁判员比赛后的临场工作

(1)比赛结束后应立即到第一裁判员一侧一起退场。

(2)赛后与双方队长、教练员互通礼节。

(3)请双方队长在记录表上签字确认比赛结果。

(4)监督收回比赛器材。

(5)检查记录表并签字。

(6)协助第一裁判员做好比赛的结束工作和临场小结。

(三)司线员的职责和临场工作

1. 司线员比赛前的职责与临场工作

(1)主动协助检查整理场地、器材、设施。

(2)参加第一裁判员主持的临场碰头会。

(3)索取司线旗,规格 40 厘米×40 厘米,准备入场。

(4)位置:两名司线员各位于第一、第二裁判员的右侧场区角端,距场角 0.5～1 米处的位置,对他一侧的端线和边线附近球进行判断。

2. 司线员比赛中的职责与临场工作

(1)观察球落在他所负责的线附近时,出示“界内”或“界外”旗示。

(2)球触及队员身体出界时,出示“触手出界”旗示。

(3)当球从过网区以外或触及标志杆或其延长线过网时,出示绕杆旗示。

(4)当球触及场外物体时,出示绕杆界外旗示。

(5)当发球队员踏及端线或左边线延长线外发球时,出示发球犯规旗示。

(6)当发球队员发球时,场上队员脚踏及场区外,出示犯规旗示。

(7)如果第一裁判有疑问时应如实反映情况,配合第一裁判员的判断。

(8)与第一、第二裁判员之间的配合(展示的时间要求,眼神)。

(9)严格遵守司线员工作方法的16字方针:加强预判、抢好角度、看线等球、出旗果断。

3. 司线员比赛后的临场工作

(1)协助监督收回比赛器材、设备。

(2)与双方队长和教练员互通礼节。

(3)协助第一、第二裁判员完成好比赛的结束工作。参与做好临场小结工作。

(四)记录员的职责与临场工作

1. 记录员比赛前的职责与临场工作

(1)抄写好双方运动员的名单。

(2)与第二裁判员沟通,发放位置表,并请双方教练员确认名单和号码并签字。

(3)请第二裁判员及时收回位置表,并登记在记录表上。

(4)每局开始比赛前，核对场上位置是否与交来的位置表相符，并通知第二裁判员。

2. 记录员比赛中的职责与临场工作

(1)记录发球轮次，掌握发球次序。

(2)记录得分和轮次。

(3)掌握并登记暂停和换人的次数，并通知第二裁判员。

(4)对违背规则规定的间断请求要及时通知第二裁判员。

(5)每局结束和决胜局 8 分时及时通知裁判员。

(6)记录各种判罚和申诉。

3. 记录员比赛后的职责与临场工作

(1)登记比赛最终结果。

(2)登记比赛中出现的并在第一裁判员认可情况下的特殊事件。

(3)请双方队长和各位裁判员在记录表上签字，同时签上自己的名字。

第五节 气排球裁判员的哨音、手势与旗示

裁判员对比赛的判罚主要是通过哨音来表达。哨音相当于战士的枪、文人的笔、法官的锤。哨音有长、有短、有重、有轻，有激、有缓，以单为主、偶尔有双。一场比赛中尽量避免重哨的现象，一裁鸣哨二裁不重复，反之相同。在比赛中杜绝鸣哨时队员听不见的现象发生。因此比赛中裁判员的哨音即是比赛的命令，有令即止，好的裁判一定要吹好哨音。

第一裁判员的哨音、手势。第一裁判员的哨音总的要求是：哨音要及时、果断、响亮，力争做到一成死球，即闻哨声。在开局和关键比分下的哨声要加长、加重，在一般情况下，哨声可稍轻、短促，在有争议或来回球较多的情况下，哨声要加长、加重。手势总的要

求是要大方、清楚、正确。手势要有短暂的展示时间。出示手势一般分三个步骤进行。第一步:一只手指向发球一方;第二步:另一只手指出犯规性质;第三步:必要时指出犯规队员。

第二裁判员的哨音、手势。第二裁判员的哨音除了及时、响亮外,还要求在第二裁判员职权范围内的判罚哨音要加长、加重。第二裁判员在自己职权范围内的手势也有三个步骤。第一步:一只手指出犯规队员犯规性质;第二步:必要时指出犯规队员;第三步:另一只手指向发球一方。在自己职权范围外的手势,可以跟随第一裁判员做相同手势。

司线员旗示。司线员旗示总的要求是:出旗果断、准确、大方、有力。司线员应一手持旗,站在指定区域内。旗示后应有片刻停留,与第一裁判员对眼光后再自然收旗。

裁判员、司线员对比赛犯规判罚的具体手势见附图。

附图:裁判员手势与旗示

手势	图例	图解	手势	图例	图解
发球队		手臂平举指向发球队同侧方向	一局结束		两臂手张开在胸前交叉
界内球		手臂和手指向地面	界外球		两臂屈肘上举,掌心向后

续表

手势	图例	图解	手势	图例	图解
发球8秒违例		举起8个手指，两臂分开，掌心向前	发球掩护拦网犯规		两臂伸直上举，掌心朝前
连击		向上举起两个手指并分开，掌心向前	四次击球		向上举起四个手指并分开，掌心向前
触手出界		用一手掌摩擦另一屈肘上举的指尖	过中线发球踩线		手指中线或相关线
双方犯规		两臂屈肘，竖起拇指			
轻微不良行为警告		一手持黄牌举起	不良行为判罚		一手持红牌举起

续表

手势	图例	图解	手势	图例	图解
判罚出场		一手持红牌和黄牌举起	取消比赛资格		两手分别持红、黄牌举起

手势	图例	图解
允许发球		挥动手臂，指出发球方向
位置错误轮转错误		一手食指在体前绕环
换人		两臂屈肘在胸前环绕
交换场区		两臂屈肘，在身体前后绕旋

续表

手势	图　例	图解
持球		手臂慢慢举起，掌心向上
进攻性击球犯规	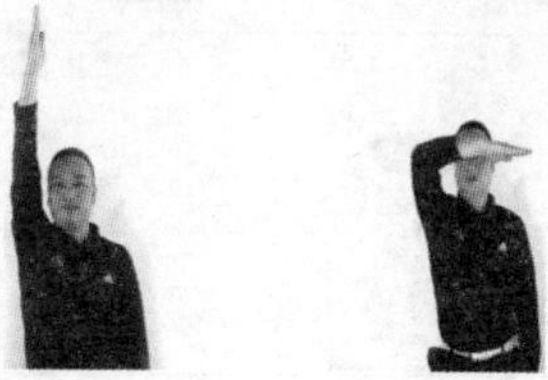	手臂上举，前臂向下摆动
触网发球没过网		一手触犯规队一侧的球网
暂停		一臂屈肘指尖朝上，另一手掌放在指尖上，然后指明提出请求的队
延误警告判罚		一手掌心向后，另一手持黄牌（警告）、红牌（判罚）放置手腕处

续表

手势	图例	图解
界内球、界外球		界内球向下示旗，界外球向上示旗
触手出界		一手举旗，另一手掌置于旗杆顶
球触场外物体、发球时脚的犯规、球通过球网时的犯规		一手举旗绕环，另一手指标志杆、物体或相应的界线
无法判断		两臂胸前交叉

【思考与练习】

1. 如何检查气排球比赛场地和场地的设置？
2. 何为位置错误？位置错误的判断依据是什么？
3. 如何掌握气排球比赛中对持球与连击犯规的评判尺度？
4. 裁判员对比赛中的非技术性问题应如何进行管理？

第五章　气排球竞赛组织与编排工作

【内容提要】 本章阐述了气排球竞赛组织工作的具体内容，介绍了气排球竞赛编排工作的主要内容与方法。

【学习目标】

1. 了解基层气排球竞赛组织的工作方法和工作程序。

2. 可以完成气排球比赛的编排任务。

【知识要点】竞赛组织、气排球编排方法。

第一节　气排球竞赛组织工作

一、组织比赛的一般要求

一场比赛或一次比赛的进行，有三个前提需考虑，即比赛的时间、地点、规模。

(一)比赛时间的确定

主要考虑几个因素，一是本次比赛所需时间长度；二是比赛时间安排同有关赛事的衔接；三是考虑赛事安排时间与项目特点相吻合；四是要考虑运动员实际情况。

(二)比赛地点的选择

对比赛地点的选择，要综合下列因素进行：

1. 交通、接待条件；

2. 体育设施、场馆条件；

3. 举办地对该项目的兴趣、爱好；

4. 考虑与上一级比赛在条件（地点、气候）上的相同；

5. 注意调动各方举办竞赛积极性；

6. 从商业化、社会化效益角度考虑。

（三）比赛规模的确定

对一个比赛的规模应当统筹考虑，规模可大可小，要兼顾社会和经济两个效益。对比赛规模的确定，通常由下列因素组成：

1. 比赛任务制约了比赛规模；

2. 比赛人数直接体现了规模。

二、气排球比赛组织与管理

组织管理，主要体现在赛前、赛中、赛后三个环节上。

在管理上，有两个层面的工作。其一，竞赛组织策划者对竞赛的管理，主要内容是对比赛时间、地点、规模的确定，对竞赛组织机构的成立及策划，竞赛中协调各部门的工作，对大型比赛的开、闭幕式的要求与操作，对赛场的管理（观众、场地、器材、广告等）。其二，竞赛业务部门的管理工作。

（一）竞赛策划、组织者对比赛的组织与管理

1. 赛前组织与管理主要任务

（1）确定比赛的组织方案

（2）审定竞赛工作计划

①工作计划细则；

②组织机构；

③经费预算；

④竞赛规程。

（3）确定组织机构

①一般规模的组织机构(见图 5-1)

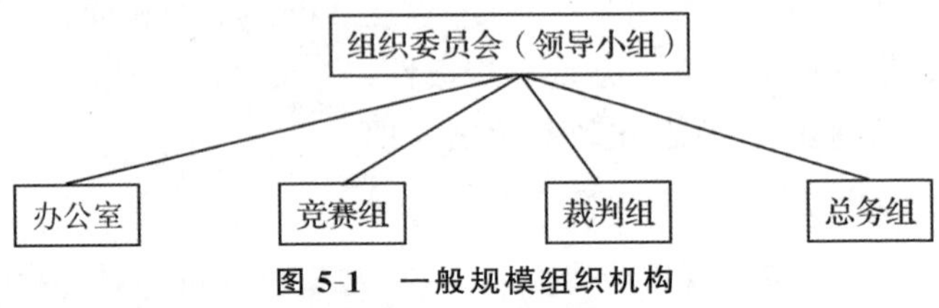

图 5-1 一般规模组织机构

②较大规模比赛组织领导机构(见图 5-2)

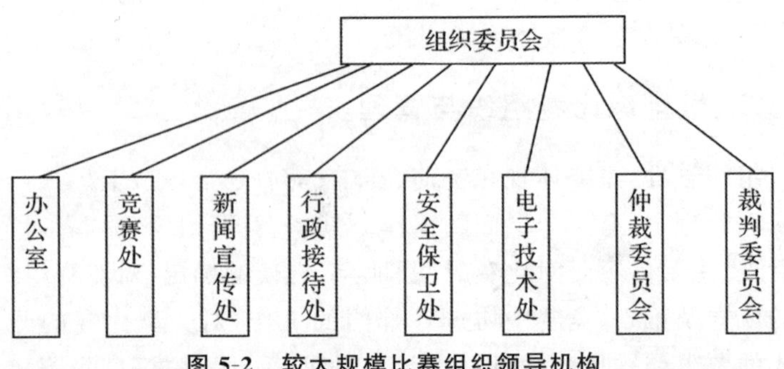

图 5-2 较大规模比赛组织领导机构

(4)组织开好赛前两个重要会议

①全体组织委员会、各部门负责人、各队负责人的联席会议,一般由办公室主持。

②裁判长、教练员联席会议,一般由竞赛组主持。

2. 比赛中的管理

(1)开闭幕式的一般步骤与内容(略)

(2)对场馆、设施、场地的布置与要求的管理

(3)比赛中对竞赛过程的组织与控制

成功的管理者应当做好如下几点:

①注意获取比赛中各种反馈信息,控制比赛过程;

②注意协调各部门工作；

③能较好地处理各部门分工职能与协调关系；

④能较好处理大会同运动队之间关系；

⑤对突发情况有应变处理能力。

(二)竞赛业务部门的主要工作

竞赛业务部门(竞赛组)的主要工作(见图 5-3)。

第二节　气排球竞赛编排工作

一、编排工作的一般知识与工作程序

(一)编排工作的基本知识

1. 竞赛编排:竞赛编排是根据参赛队和竞赛规则,按一定的方法编排各队的比赛场次及日程。

2. 轮次:轮次是控制比赛负担量和估算比赛时间的重要参数之一。一般认为,参赛队都相应地赛完一场球,即比赛进行一轮。

3. 场数:估计比赛时间和比赛场地的重要参数之一。比赛场数即一次赛事总计比赛场数。

4. 节数:比赛时间的计算单位,一般将一天时间分为上午、下午、晚上三节,是估计场地、时间的重要参数之一。

5. 场地容量:场地容量即一块场地在一节时间里可以安排的比赛场数,这是编排工作中的基本量度概念。

6. 抽签:是编排工作中必须采用的一种机遇性手段,也是确定运动队在比赛中所处位置号的一种重要手段。

7. 种子队:种子队的编排方法在淘汰赛中经常运用。为了克

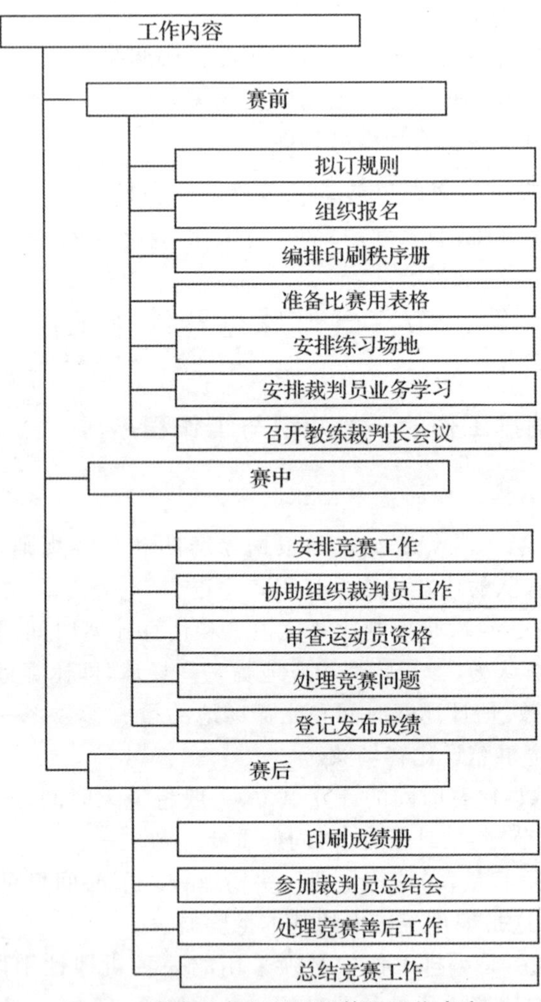

图 5-3　竞赛业务部门组织管理工作内容

服淘汰赛不合理性，采用种子队编排方法，以保证水平高的队（人）有较大的机遇进入下一轮比赛。

8. 位置号：运动员在竞赛秩序表中所处的位置号码叫位置号。如：单循环编排时，1—2、3—4……

9. 竞赛负担量：指一个队（人）根据规则在一定时间的比赛场数（次）。这是控制比赛运动量和保证比赛进行的主要依据。

（二）编排工作的基本程序

1. 编制比赛的每一轮比赛秩序：根据特定方法，编制出淘汰或循环制的比赛秩序。

2. 抽签进入自己的位置号：通过抽签等方法，确定运动队所处的比赛秩序中的数字位置，从而明确自己每一轮比赛的对手。

3. 编排竞赛日程：根据公开、合理原则在准确掌握竞赛的轮数、场数、天数和场地使用情况及运动员运动负荷量等因素后，将比赛秩序日程化，是将比赛秩序落实到具体时段的一种方法。

4. 编印秩序册：秩序册是竞赛工作的指南。秩序册一般包括比赛的竞赛规程、组织委员会名单、办事机构名单、仲裁委员会和裁判委员会名单、运动队名单、活动日程表、竞赛日程表、成绩表等。

二、气排球竞赛制度、编排工作及成绩计算方法

（一）如何选择赛制

在组织一次比赛时，要权衡利弊，选择最佳的竞赛制度。一般要考虑五个要素或五个重要的变量。

1. 完成全部比赛的比赛场次。

2. 完成全部比赛的所需时间。

3. 完成全部比赛所需的场地。

4. 比赛组织的公平性体现。

5. 比赛编排的可操作性或客观性体现。

(二)循环制的编排方法

1. 单循环制:参加比赛的各队之间均相互比赛一次,即为单循环制。

(1)循环赛的比赛场数计算公式:场数=队数(队数-1)/2

(2)循环赛的比赛轮数计算方法:参赛队为奇数时,比赛轮数等于队数,参赛队为偶数时,比赛轮数等于队数减1。

(3)单循环赛的编排方法:

①一般编排方法:采用"逆时针轮转方法"进行编排,先以阿拉伯数字为代号,代替队名进行编排。把队数按U形走向分成均等两边,如遇单数队,最后一位数字为0。第一轮只要在U形相对队数之间划横线,即为第一轮比赛秩序。第二轮开始,固定在左上角数字不动,其余数字均按逆时针方向移动一个位置,即为该轮比赛秩序。如遇0队即为该轮轮空。

表5-1是7个队参加比赛的比赛秩序编排表。

表5-1 "逆时针轮转方法"编排表

第一轮	第二轮	第三轮	第四轮	第五轮	第六轮	第七轮
1—0	1—7	1—6	1—5	1—4	1—3	1—2
2—7	0—6	7—5	6—4	5—3	4—2	3—0
3—6	2—5	0—4	7—3	6—2	5—0	4—7
4—5	3—4	2—3	0—2	7—0	6—7	5—6

采用该方法编排的优点是:

参赛各队进度一致,编排方法简单,易操作,检查。缺点是:当单数队5个队及以上队数参赛时,抽签为倒数第2数字的那个队,则在第四轮开始每轮均同是轮空队进行比赛，如上述的数字 6 代表的队。由此产生了球类比赛的不公平竞争现象，为了解决这一问题，目前，排球比赛大多采用国际上一种编排方法——“贝格尔”编排法。

②“贝格尔”编排方法(“beiger”arrangement)：

第一轮同传统方法，第二轮开始的编排同传统方法大相径庭。首先，最大号数(或 0 数)左右规则移动摆放在第一行的左或右边位置上，如第一轮该数位于右边，第二轮则摆动到左边，第三轮又移动到右边，如此反复。第二步，将上一轮右下角数字提到该轮第一行同最大数(或 0 数)相对应，第三步，将其他数字按数字同右下角提到第一行的这个数字的前后顺序关系进入位置。表 5-2 是 7 个队比赛的编排秩序。

表 5-2　7 个队单循环贝格尔编排法

第一轮	第二轮	第三轮	第四轮	第五轮	第六轮	第七轮
1—0	0—5	2—0	0—6	3—0	0—7	4—0
2—7	6—4	3—1	7—5	4—2	1—6	5—3
3—6	7—3	4—7	1—4	5—1	2—5	6—2
4—5	1—2	5—6	2—3	6—7	3—4	7—1

2. 双循环制

即参加比赛的各队之间均相互比赛两次，即为双循环制。

双循环赛通常分为两个阶段，由两个单循环赛组成。第二循环比赛方法可与第一循环完全相同，也可根据第一循环比赛的成绩，采用抽签，重新确定各参赛队在第二循环中的比赛序号，然后进行编排。双循环比赛秩序编排方法与单循环比赛秩序编排方法相同。

3. 循环制比赛日程的编排

(1)依据排好的比赛秩序表,再按规程规定的方法将数字换成队名,然后填于秩序表中,最后编好比赛日程表(表 5-3),编排日程表时要尽力做到各队的比赛场地和比赛时间机会均等。

表 5-3　比赛秩序表

日期	时间	组别	比赛队	场地
4 月 8 日	19:30	女	福建——广东	室内一
	21:00	女	北京——厦门	室内一
	19:30	男	厦门——江苏	室内二
	21:00	男	福建——广东	室内二

4. 循环制成绩计算方法

(1)根据气排球规程所定,以每个队的比赛总积分高低决定各队名次,积分高者名次列前,一般是胜一场得 2 分,负一场得 1 分,弃权得 0 分。

(2)如遇两队或两队以上积分相等,则按下列办法决定名次:计算 C 值,C 值高者名次列前。C 值 $=A$(胜局总数)/B(负局总数)。

(3)如 C 值仍相等,则计算 Z 值,Z 值高者名次列前。Z 值 $=X$(总得分数)/Y(总失分数)。

5. 循环制特点

(1)循环制场次较多,有利于比赛队增加比赛场次,锻炼队伍。

(2)循环制各队比赛场次相同,公平竞争机会均等,决定名次办法合理,能客观反映队伍成绩。

(3)循环制由于比赛场次多,因此比赛周期长,对人力、财力、物力均有一定要求。

（三）淘汰制

气排球比赛采用淘汰制的机会比较多。淘汰赛主要是在参赛队数较多，比赛时间短时采用，目前，气排球的比赛队数多，经常采用淘汰赛制。淘汰赛通常分为单淘汰和双淘汰制两种。

1. 单淘汰赛：运动队按排定的秩序进行比赛，胜队进入下一轮比赛，负队淘汰，赛至最后一场比赛胜者为冠军，负者为亚军，即为单淘汰赛。单淘汰赛比赛秩序的编排如图 5-4 所示。

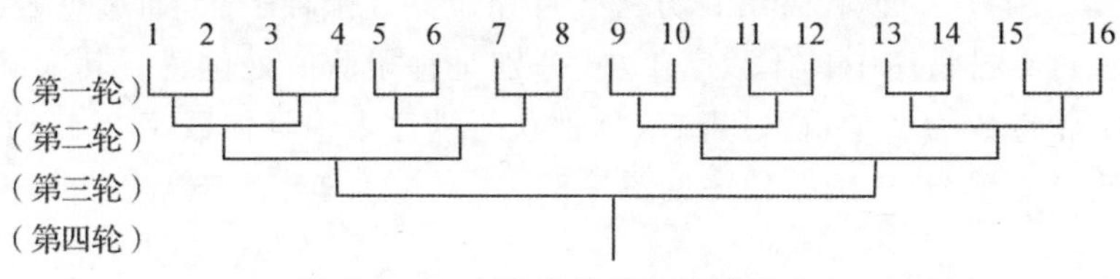

图 5-4　16 个队单淘汰赛编排秩序

(1)单淘汰赛比赛场数：等于参赛队数减 1。如 16 个队参赛则比赛场数等于 15 场。

(2)单淘汰赛轮数计算方法：计算方法为 2 的乘方数即比赛轮数(通常选择参赛队数最接近的 2 的乘方数)。如 16 个队参赛为：$16=2^4$ 即比赛 4 轮，30 队参赛为 $32=2^5$ 即比赛 5 轮，14 个队参赛为 $16=2^4$，即比赛 4 轮。

(3)单淘汰赛编排中如何设定种子队：单淘汰赛固然有对抗性强、容量大、节约时间等优点，但在理论和实践上却表现为一系列不合理性，最突出的是比赛偶然性大，因此，比赛中常用设立种子队方法来保证一些队不在前几轮中遇到淘汰。种子队一般由排名在前的队担任，种子队的数目一般是参赛队队数的 1/6 或 1/12。种子队在编排中的具体位置可以通过查找种子队位置表获得。

(4)单淘汰赛如何确定“轮空”队位置：当参赛队不是2的乘方数时，则须安排一部分具体数字的位置“轮空”，目的是使第一轮比赛正好是2的乘方数，以克服单淘汰赛的比赛秩序不完整性。

轮空数目等于编排采用的数字位置减去参赛队数。如14个队比赛则16－14＝2，即有2个轮空数。轮空队在编排秩序中所占的具体数字位置可以通过查找“轮空位置表”获得。

例：14个队比赛编排方法。首先设立2个种子队，通过查表，获得编排秩序中具体数字1、16分别是种子队所处位置。其次确定轮空数为2个，通过查表，分别获得秩序表中具体数字2、15是轮空位置，具体编排秩序见图5-5。

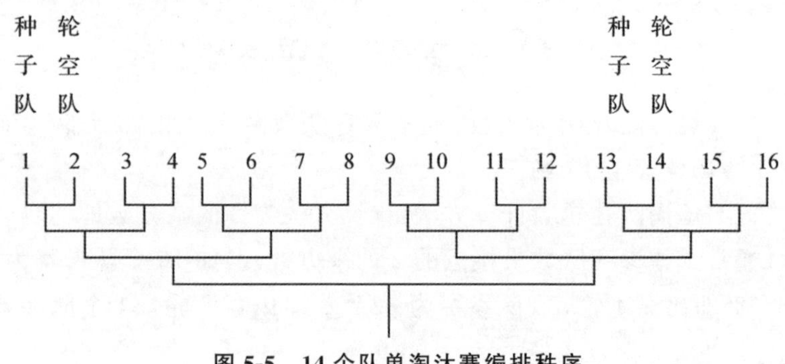

图5-5　14个队单淘汰赛编排秩序

2. 双淘汰赛：运动队按照排定的秩序进行比赛，失败两次才被淘汰，即为双淘汰赛。

(1)双淘汰赛的场数计算：比赛总场数＝2X－3(X为参赛队数)

(2)双淘汰赛的编排方法(图5-6至图5-7)：

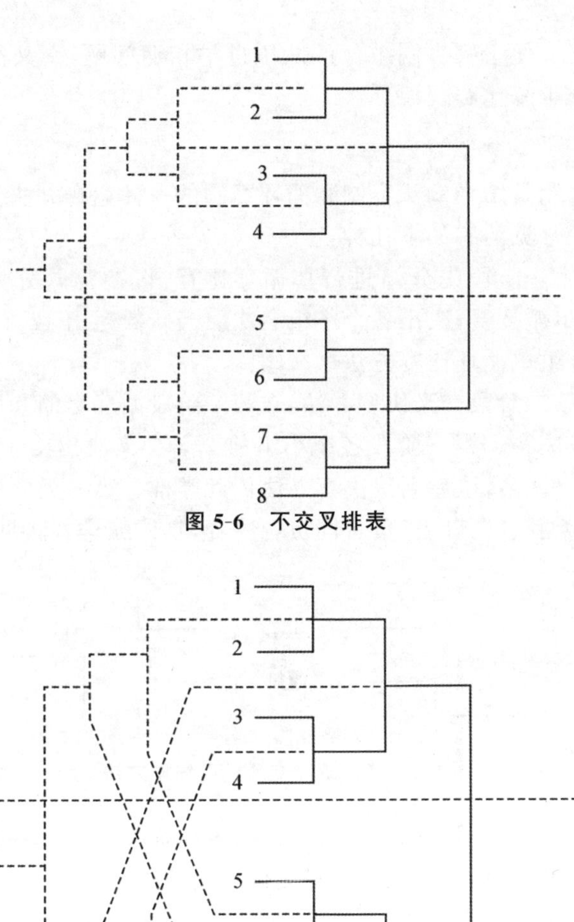

图 5-6　不交叉排表

图 5-7　交叉排表

不交叉便于解决同单位的队伍过早相遇问题,交叉法主要是解决两队重复比赛现象。

(四)混合制

混合制是结合淘汰赛制和循环赛制的一种竞赛办法。在气排球比赛中常见的有如下几种:

(1)第一阶段先分组进行单循环比赛:将参赛队分为若干个组,进行单循环赛,决出各个小组名次。当队数超出 12 个队时,经常采用分组单循环比赛方法。

(2)第二阶段交叉决赛办法:在第一阶段循环赛的基础上进行第二阶段决赛。第一阶段各个小组前 2 名交叉决出 1～4 名,3、4 名决出 5～8 名,以后名次决赛办法依此类推。第一天先进行交叉赛,第二天胜者同胜者,负者同负者决赛,具体编排方法见图 5-8。

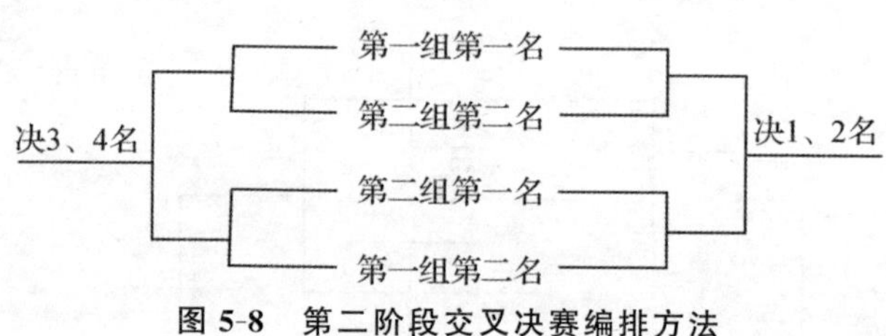

图 5-8　第二阶段交叉决赛编排方法

(3)第二阶段佩奇制决赛办法:在第一阶段各小组名次基础上的第二阶段一种决赛办法,比赛编排方法见图 5-9。

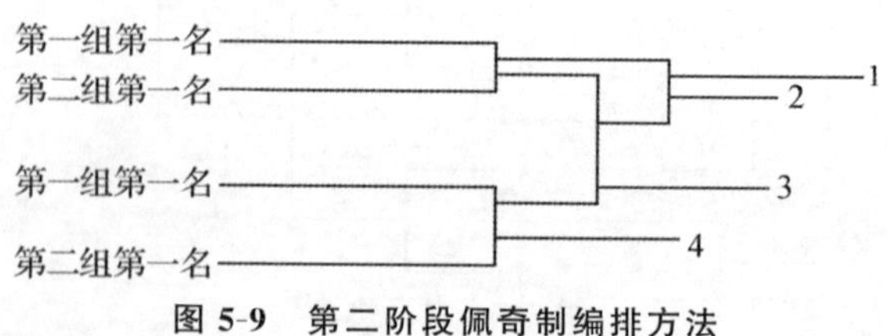

图 5-9　第二阶段佩奇制编排方法

【知识窗】1982 年 9 月 12—25 日第九届世界女子排球锦标赛在秘鲁举行，共有 24 支球队参加了比赛，分为预赛、复赛、决赛三个阶段进行。在复赛中，中国女排同美国队相遇，由于赛前中国队和美国队都是夺冠呼声很高的队伍，因此，这场比赛被称为世纪大战。比赛开始后，美国队在世界一流的主攻手——海曼的带领下，全队超水平技术发挥以 3∶0 的大比分战胜了中国队。这场比赛的结果，把中国队推向了绝境。但中国女排正确地对待了比赛的失利，在后面的比赛中，以同样 3∶0 的比分分别战胜了古巴队、匈牙利队和苏联队，以第二名的身份进入决赛圈。另一组日本女排同东道主秘鲁队进入决赛圈。比赛规程规定，决赛采用交叉决赛方式，即第一天的两个组的胜队在第二天进行冠亚军决赛，第一天的两个组的负队在第二天进行三、四名决赛。这样，半决赛的形势为中国—日本、美国—秘鲁。中国队还有机会争取冠军。

从形势和实力分析，美胜秘、中胜日应该是顺理成章的。冠亚军很有可能又在中国队与美国队之间产生。但是，美国与秘鲁的比赛却戏剧性地以美国队的惨败而结束。原来，这场比赛，东道主秘鲁队超水平技术发挥，加上体育馆内的 1 万多名观众的呐喊助威声，使美国队员心理出现强烈波动，导致技术发挥失常，最终失去了比赛。而中国队在第一天的比赛中，顺利战胜了日本队。在决赛中，中国队做好了充分的准备，以 3∶0 的绝对优势战胜秘鲁队，夺得了冠军。

【思考与练习】

1. 结合学校的气排球比赛，制定一份竞赛规程，规程必须体现学校气排球比赛的特点。

2. 11 个队参加气排球比赛，请用“贝格尔”编排方法编排出比赛程序日程表。

第六章　气排球游戏

【内容提要】 本章阐述了气排球游戏的基本特点和设计的原则、步骤及基本要求。介绍了以气排球综合素质和技术练习为素材的游戏方法。

【学习目标】

1. 了解气排球游戏特点。

2. 明确气排球游戏设计的基本要求。

3. 初步掌握运用气排球游戏进行教学与训练。

【知识要点】气排球游戏；游戏特点；游戏设计；游戏方法。

第一节　气排球游戏的特点和设计

气排球游戏可以作为教学与训练课中一种有效的辅助教学手段方法，它对掌握气排球运动技能和提高气排球运动素质起着积极的作用。气排球游戏的教学手段方式，以人为本、活泼愉快、内容丰富且简单易做，既有一般体育游戏的特点，又具有相对的独特性。能够使练习者通过气排球游戏学、练活动达到一种轻松愉悦的心境，让身心得到健康的发展。采用气排球游戏这种特殊教学形式，可以充分调动练习者的学习热情，发挥练习者主观能动作用。同时，对学习气排球技术、培养气排球的球场意识、强化比赛技能、发展应变能力，以及提高心理素质水平等方面具有全面的辅助和促进作用。

一、气排球游戏特点

体育游戏是以简单的规则为前提，以身体练习为基本内容，以游戏为形式，以增强体质、娱乐身心、陶冶情操为目的的一种特殊的体育活动。气排球游戏是属于专项体育活动，但不同于一般游戏活动，具有相对的独特性。气排球游戏是以气排球运动基本技术、战术、体能、智能、心理及气排球运动素质为素材，利用气排球器材，采取单项、组合、串联等一系列练习形式；以掌握和提高气排球运动技能、加强身体素质能力、培养气排球各种意识为目的的特殊游戏教学与训练活动。它除了有体育游戏具有的健身性、动态性、趣味性、群众性、社会性、教育性、创造性、竞争性等多种一般特点以外，还有它本身所固有的以下特点。

1. 协作性

从比赛规则特点看，气排球运动比赛规则允许 3 次击球机会，在瞬息间完成战术配合和激烈的攻防转换，需要队员之间协作的默契程度与准确程度。于是，在气排球练习中通过组织练习者以组或集体配合的形式进行各种气排球游戏的技、战术教学与训练，可以更好、更快地加强和培养练习者的团结协作精神。

2. 目的性

从技、战术特点看，排球技术细腻、技术精度要求较高；排球战术的组成以及配合过程的自主性和有限性，在初学技术动作时需要反复练习才能建立动力定型，但是练习者对单项技术练习会感觉枯燥无味；因此，可根据教学任务和教学对象采用排球游戏教学形式有针对性、目的性地调动学生对技术的学习兴趣，达到掌握、巩固提高技术动作的良好效果；同样在排球战术练习时，采用游戏的形式可以使练习者尽快地了解、掌握和熟悉排球基本进攻阵型、不同的进攻战术配合以及防守基本阵型，防守战术的各种布局变化。

3. 全面性

从攻防转换特点看：排球比赛中每项技术既能得分，又能失分，且攻防转换快；个人突破与集体配合；前、后排轮转要能攻善守。在某种意义上气排球运动是一项具有技术性、全面性和技巧性的运动。因而，从气排球游戏内容的广度和深度，可以在不同程度上使练习者的品质、意识、身心、智慧、技能等方面得到全面发展。

4. 竞争性

从竞技运动特点看：气排球比赛是攻防不断转换的过程，比赛有发球和接发球、扣球和拦网，有进攻和防守，双方始终在激烈的对抗中进行胜负的竞争。适当采用竞争游戏的手段进行排球教学与训练，既能愉悦心情又能提高练习者配合及应变能力，还可以培养练习者的信息意识和竞争意识。

5. 综合性

从气排球运动特点看：所有排球五大技术、进攻与防守战术以及其素质的练习项目都可以作为游戏素材；也同样可以将气排球游戏作为教学与训练的手段、方法；通过气排球游戏形式既能培养与提高身体的基本活动能力和素质能力，又能运用它学习与提高运动技能、技术和战术。

二、气排球游戏的设计

(一)设计原则

1. 教育性原则

气排球游戏是将气排球内容和游戏形式相结合而建立起来的一种寓教于乐的教育手段。它除了传授知识、技能外，也是对练习者进行心理素质培养和个性调教的过程。因此，在设计气排球游戏时，应结合教学内容和学习目标，要突出游戏的思想性、教育性。尽量把表现个人技能的游戏用组、队的方式进行，有意识地将个人与集体有机结合；这样既能显示个人的价值，又能体现集体的力量，使练习者在获得成就感的同时，体会团队协作的重要性，培养练习者遵守纪律和团结友爱的集体主义精神等。

2. 针对性原则

应依据气排球教学与训练课中各阶段的具体任务、内容有针对性地选择游戏素材和制定游戏方法；在设计气排球游戏时，还要从练习者的实际情况出发，根据他们的身心发展特点合理安排游戏内容、动作难度、运动负荷；除此之外，在规则允许的范围内尽可能给练习者留有完成游戏多种方法的选择余地，这样能不断拓展练习者的想象空间和创造空间。

3. 趣味性原则

游戏原本就是人类在一定规则约束下进行的一种娱乐活动。将游戏形式这种手段运用于气排球教学与训练过程，其目的就是针对练习者的特点，充分调动他们的学习热情和学习兴趣，激发他们的进取精神，尽可能地发挥他们的潜在能力。气排球是一项具有竞争性特点的运动；因此，适时地运用竞争游戏形式进行一些单调枯燥的练习，在愉快的竞争中提高练习者的学习欲望，常能收到出人意料的良好效果。此外，在设计气排球游戏时，采用一些与日常习惯不同或相反的动作，或者采用一些形象化的动作；再可以采用提高动作难度或设置特定规则、限制条件等各种方法以增加游戏的趣味性；激发他们跃跃欲试的心情，满足他们的操作感，让练习者体会经过努力完成了动作（或任务），并从中获得一种满足感。

（二）设计步骤

1. 明确游戏目的任务

气排球游戏属专项体育活动。在进行设计时，应遵循气排球运动本身的基本规律以及保持其专项性特征的基础上，认清设计游戏与基本教材的关系，明确设计的目的和所要达到的教学与训练目标。

2. 选择游戏素材

气排球游戏素材的选择应针对具体的任务而定。如果课的任务是学习或是复习气排球技术动作，游戏则应选择以气排球技术作为素材。有时可以将课的几项任务或是一项综合任务巧妙地糅合在一种串联性游戏中去完成。

3. 确定游戏名称、内容和方法

（1）确定游戏的名称：气排球游戏的命名可以运用直接命名法和拟喻命名法。例如：扣球比赛，可以直接命名“扣球得分比赛”；又如：以单人拦网为素材游戏练习，可以拟喻命名“独当一面”。

（2）确定游戏的内容：气排球游戏内容要根据实际情况选择运动项目。例如：单项技术为素材的游戏，一般以一个基本动作为主，再搭配1～2个辅助动作。

（3）确定游戏方法：通常包括游戏的准备、进行的形式、人数、队形及其变化，活动的范围、路线、更替方法和动作要求等。

4. 制定游戏规则

制定气排球游戏规则可以使游戏顺利进行，同时也是评定游戏胜负的依据。更重要的是应贯彻气排球运动正式比赛规则的基本精神，有利于气排球技、战术、技能和技巧的规范运用。因此要注意以下几点要求：

（1）明确合理与犯规、成功与失败的界限。在设计游戏时，为了竞赛的公平性，应在规则中明确指出对与错，成与败的做法。

(2)明确对犯规者(或犯规队)的处理办法。例如：对犯规者(或犯规队)扣分或者罚犯规者退出比赛。

(3)应注重游戏的安全性。气排球游戏中常会出现有带球进行游戏练习，于是，要特别注意不允许球满地滚动。

(4)要有一定的灵活性。给学生有发挥思维和创造力的空间，不必将规则定得太死。

5. 提出游戏的教学建议

(1)游戏的其他做法。例如：设计气排球战术配合游戏练习，可以采用徒手形式或利用实球进行；也可以加大或减小游戏难度的方法。

(2)游戏进行中可能会出现的问题及预防解决办法。

(3)游戏的适用范围。例如：练习者技、战术掌握程度和场地条件的要求。

(4)其他注意事项。

(三)设计要求

气排球游戏是教学与训练课中一种有效的辅助教学手段，为了提高效果，加强组织，营造欢快、紧张的气氛以及掌握游戏时机，在安排和设计气排球游戏时应注意以下要求：

1. 要以教学任务为依据

要以完成教学与训练任务为前提，以基本技、战术及素质为素材创编各种单项技术、技术串联和个人战术跑动路线、与同伴战术配合以及提高运动能力的素质等游戏练习。

2. 合理安排游戏的负荷

运用气排球游戏形式进行教学与训练不仅仅是游戏娱乐目的，更重要的它是一种手段。

因此，在安排游戏的运动负荷量和选择恰当的游戏时机，要从练习者的人数和水平分组，课中各部分(准备和开始部分、基本部分、结束部分)的目的、任务，学习教材或复习教材练习者生的学习情绪及游戏的氛围，还有气候情况等各种问题进行综合考虑，才能使游戏手段的作用在教学与训练运用的效果中得到充分体现。

3. 运用球场、球和球网

在进行气排球运动时有几点不可忽视的关键因素，即人、球、球网、球场方向感。因此，要根据气排球技术特点、战术攻防转换规律等设计气排球游戏练习，达到全方位培养练习者的气排球运动技能。安排游戏练习应尽量围绕球、球场、球网进行，特别要注意人与球网、人与球场方向以及与同伴之间的相互配合等问题。

4. 安排练习以安全为主

游戏具有竞争、竞技和趣味性特点，游戏过程中会因为对或错，得与失而产生一些激动的情绪、矛盾冲突发生争执；特别是气排球场上常有起跳动作以及球的滚动等空间、场所、环境问题。因此，必须强调安全第一，教师应做好及时进行疏导、调解，用自己的正确行为方式确保游戏练习的顺利完成。

【知识窗】中小学义务教育阶段中，气排球游戏可以加强学生对气排球活动的体验，吸引他们对参与气排球活动的兴趣，引导他们对气排球简单知识方法的了解，增强他们的体质，让他们在气排球活动的嬉戏中接受知识与文化的熏陶，养成良好的操行品质。

第二节　气排球游戏方法设计示例

气排球游戏方法形式多样。以下是依照气排球素质、基本技术为素材设计的部分示例。

一、素质游戏类

(一)反应、灵敏游戏

1. 抢球淘汰赛(图 6-1)

(1)游戏目的:提高练习者根据情况及时地做出动作反应。

(2)游戏方法:把练习者分成两组分别在甲、乙场地,每个人背向场地双手抱膝坐在边线和端线上,当听到教师的哨声立即起身朝场地内抢球。

(3)游戏规则:没有抢到球的退出局直到最后一人为胜。再由此人各自代表甲、乙队决出胜负,抢到球的为胜队。

(4)组织要求:必须背向场地双手抱膝坐,每次球的个数要少于抢球人总数一个。

(5)教学建议:可以多次进行,同时变换各种抢球前的规定动作。

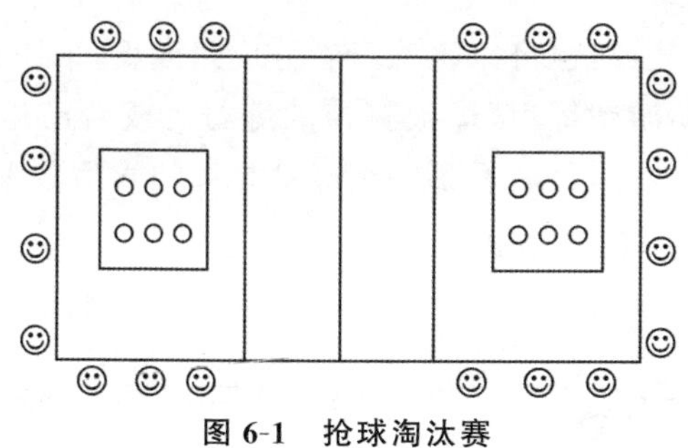

图 6-1　抢球淘汰赛

2. 攻与防兼顾(图 6-2)

(1)游戏目的:提高练习者眼、手、脚步的协调性及灵敏性,培养攻防意识。

(2)游戏方法:把练习者分散在排球场内每人一球,教师鸣哨

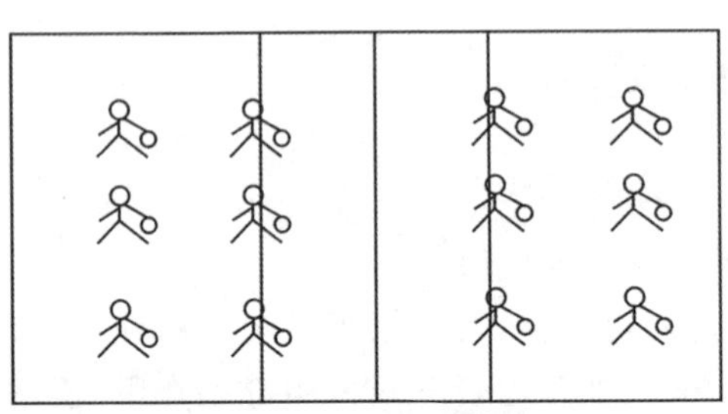

图 6-2　攻与防兼顾

游戏开始，练习者单手运球并迅速移动位置，用另一只手去打掉其他人的球，同时保护自己的球不被别人打掉。

(3)游戏规则：必须不停地运球，不允许抱球移动或跑。球被打掉的练习者或自己运球丢掉捡起球后，罚其绕排球场矮子步走一圈后再进入球场继续参加游戏。

(4)组织要求：提示练习者积极移动，眼观四方，注意安全，以防碰撞。

(5)教学建议：也可以将练习者分成两大组，采用 2 人一组，一对一进行攻防游戏练习，球被打掉的练习者或自己运球丢掉捡起球后，坐在端线外，最后看哪一组球被打掉的学生数少为胜队。

(二)移动、速度游戏

1. 快速取位接力赛(图 6-3)

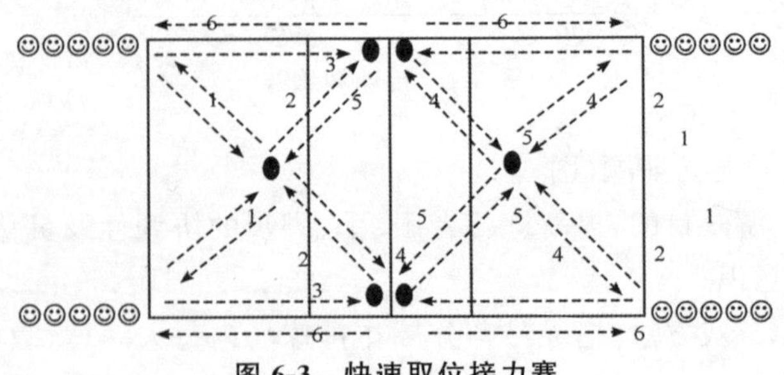

图 6-3　快速取位接力赛

(1)游戏目的:加强练习者临场合理取位,培养练习者在球场上有明确的方向感。

(2)游戏方法:将练习者分成甲、乙、丙、丁四组,分别站在四个大角(端线和边线直角),排头第一位听到教师鸣哨立即出发,沿着球场地面标好的①、②、③、④、⑤、⑥线路往还移动,与第二位击掌依次进行。

(3)游戏规则:必须按规定的1～6线路移动,如有出错,在错的线路重新进行。哪一队先完成为胜队。

(4)组织要求:

提示左、右半场地的练习者进行各条线路移动时身体的转向意图(例如:左半场。1号线面向对方3、4号位,2号线面向对方2号位,3号线边跟进,4号线内侧,5号线上网边扣或拦,6号线转身朝向端线方向救后场球)。

(5)教学建议:该移动游戏接力赛应左、右半场交换进行,让练习者体会不同位置、不同方向的感觉。

2. 线线必触摸(图6-4)

(1)游戏目的:提高练习者快速起动和及时制动的能力。

(2)游戏方法:将练习者分成四大组分别站在排球场两边端线外,听到教师鸣哨后,各组排头向前跑至3米线并用手触摸线后折回起点线,手触摸起点线后;再向前跑至6米线(限制性)并用手触摸线后折回起点线,手触摸起点线后;再一次向前跑至9米线(中线)并用手触摸线后折回起点线,与第二位击掌,全组一次进行直到结束,最快完成的组为胜。

(3)游戏规则:去用正面跑步,折回用后退步。每一条线必须用手触摸,未摸到线的要重做。

(4)组织要求:折回用后退步,要注意保持身体姿势和身体重心。

(5)教学建议:可以采用各种移动步法进行。

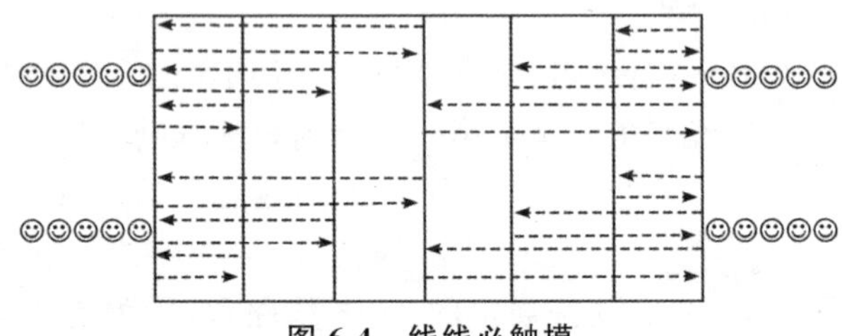
图 6-4　线线必触摸

(三)弹跳、力量游戏

1. 单去双回(图 6-5)

(1)游戏目的:发展练习者下肢腿部力量。

(2)游戏方法:将练习者分成甲、乙两队四小组站在两边端线外,听到教师鸣哨后,四组排头(甲 1、乙 1 小组抱球)开始用左右交替单脚跳至中线,把球从球网底下移交给同伴(甲 2、乙 2 小组),再用蛙跳动作跳到起点把球交给第二位(或击掌),第二位出发全组依次进行直到结束。甲、乙最快完成的队为胜。

(3)游戏规则:单脚跳左右腿交替至少各跳 2 次,网底交接时球如有掉地捡起来重做。

(4)组织要求:强调动作要连贯性,突出连续的速度。球必须要相互移交。

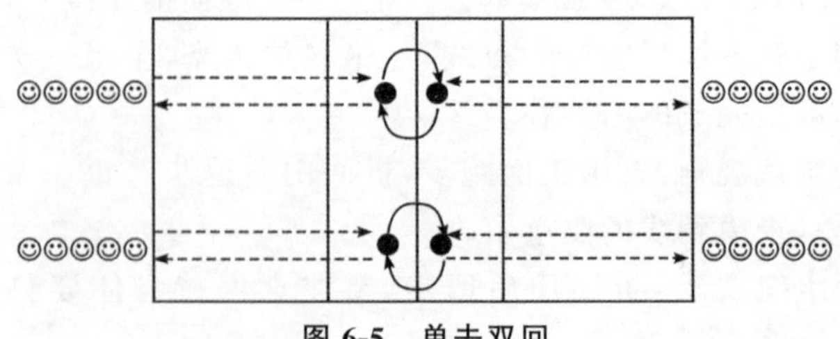
图 6-5　单去双回

2. 空中作业(图 6-6)

(1)游戏目的:加强练习者的弹跳能力。

(2)游戏方法:将练习者分成甲、乙两队四小组分别站在边线外,听到教师鸣哨后,排头两人一组开始做跳起互抛、接球侧移至另一边线将球放在线上,然后各自做双脚分腿跳(双脚并起跳后空中做前后分腿)至起点与第二组练习者击掌,第二组再出发,全队依次进行直到结束,最后以先完成的队为胜。

(3)游戏规则:必须在空中跳接后立即在空中将球抛出,起跳后做分腿。球掉地捡起来继续做。

(4)组织要求:做好准备活动,防止受伤。

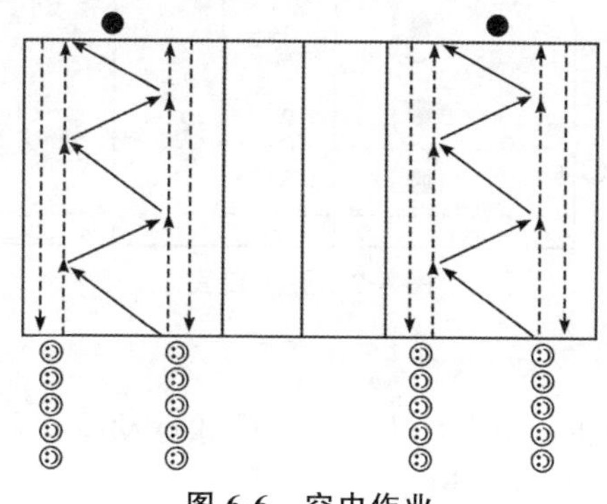

图 6-6　空中作业

(四)素质综合游戏

1. 展示自我(图 6-7)

(1)游戏目的:让练习者能够在不断变化中提高气排球所需的各种身体运动能力。

(2)游戏方法:将练习者分成两组站在端线外,听到教师鸣哨后,双方排头练习者开始原地做俯卧撑 5 次→绕球横 8 字跑→原地做左腿单脚收腿跳 5 次→钻过网原地做右腿单脚收腿跳 5 次→绕球竖 8 字跑→仰卧起 5 次，然后手触摸端线再快速跑回与同伴击掌，第二位练习者出发，全队依次进行直到结束，哪一队最快完成为胜队。

(3)游戏规则：必须按规定的项目顺序、动作规格、动作次数参与游戏练习，全队以最快的速度依次进行，最先完成的为胜队。

(4)组织要求：提示练习者在进行每一个项目、每一个动作应做好、做准、做快。完成项目后往回跑途中注意半蹲姿势钻过网。

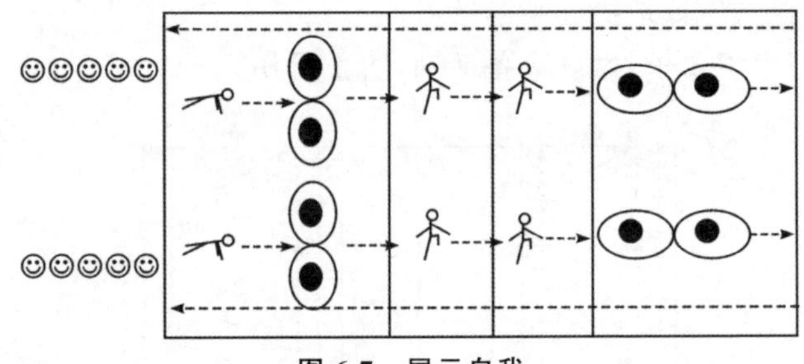

图 6-7 展示自我

2. 通力合作(图 6-8)

(1)游戏目的：加强练习者对气排球运动特点的理解，进一步培养学生相互合作的意识。

(2)游戏方法：将练习者分成甲、乙队四小组分别站在气排球场两边边线外；听到教师鸣哨后，双方排头两位练习者开始一人原地用双脚夹排球跳起抛给同伴，同伴用手接球后，同样方法相互交替各做 3 次；接着正面朝前两人各用一只手共持一球跑到指定地点，一人抛球另一人做仰卧起接球连续 5 次，同样方法相互交替后；还是正面朝前两人各用一只手共持一球跑到指定地点，一人坐在地上(一手抱双膝，另一手持球侧平举)，另一人连续做原地双脚左右跳 5 次(越过同伴持球手)，同样方法相互交替进行完；最后一起正面朝前各用一只手共持一球跑到边线起点，将球交给第二组同伴；全组依次进行直到结束。

（3）游戏规则：必须按项目的顺序、动作的规格，规定的次数进行游戏练习；各环节中途球有掉落立即捡回继续做，最后以先完成的队为胜。

（4）组织要求：提示练习者抛球给同伴要准、稳，注意加强全程相互之间的配合。

（5）教学建议：同样方法，设置的三个项目可以去（小张）做，折回（小李）做。

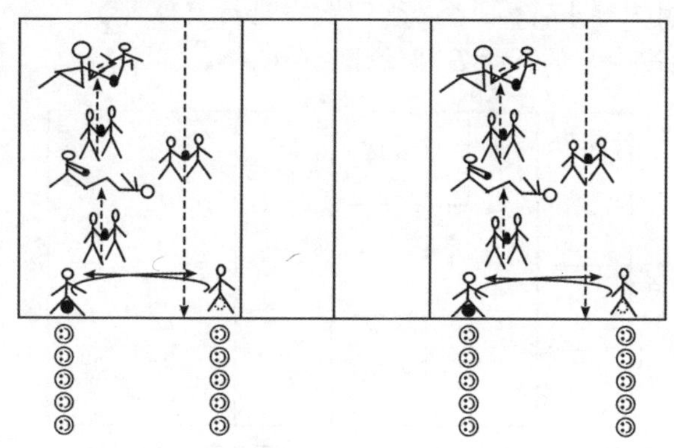

图 6-8　通力合作

二、气排球技术游戏类

（一）发球技术

1. 寻找朋友——找人（用下手发球动作）（图 6-9）

（1）游戏目的：培养练习者根据临场情况能够及时改变发球意图。

(2)游戏方法:将练习者分成甲、乙两组分别在两半场,甲组排头练习者开始任意选择标在球场的1、2、3、4区并站在区域内,乙组排头练习者根据对方临时选择的区域用下手发球动作将球发到该区域内,依次进行每人发球一次直到全组结束,交换甲组发球乙组任选区域。

(3)游戏规则:发球组每一位学练习者须将球发到对方临时任意选择的区域内计得一分,如果球发到其他区域内不计得失分,发球失误(不过网、出界)得零分;全队累计得分数,最后看双方总得分数多的为胜队。

(4)组织要求:练习者必须按顺序进行发球。

必须按规定的下手发球动作。

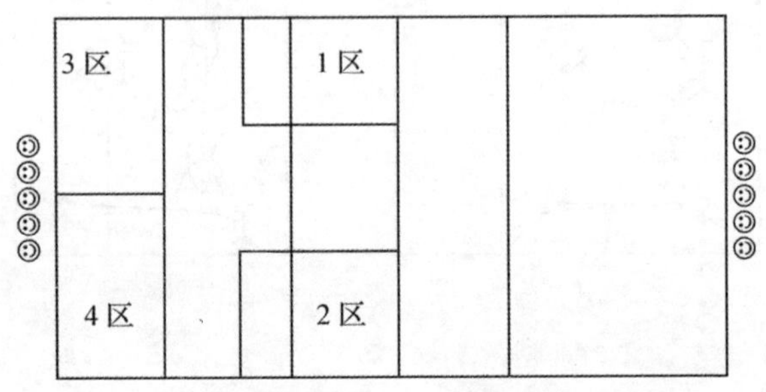

图6-9　寻找朋友——找人(用下手发球动作)

2. 仙女散花——找点(上手发球动作)(图6-10)

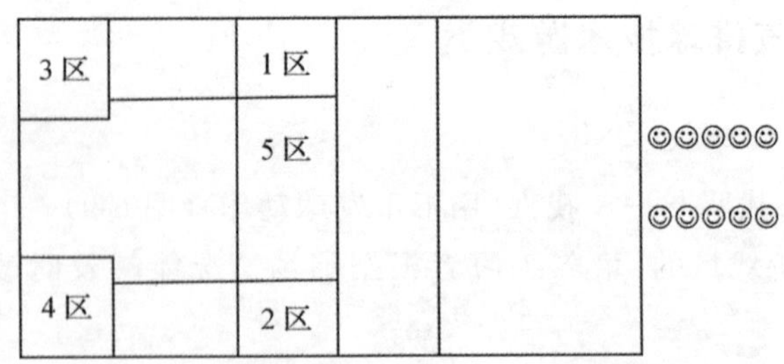

图6-10　仙女散花——找点(上手发球动作)

(1)游戏目的:培养练习者在发球前学会自我暗示及有意识地控制发球落点。

(2)游戏方法:将练习者分成甲、乙两组分别在两半场,甲组排头练习者用上手发球动作,开始发球前预先叫区域号,接着将球发到该区域内,然后乙组排头练习者用同样方法发球,甲、乙组双方依次交替进行,每人发球一次直到全部结束。

(3)游戏规则:凡是将球发到预先叫好的区域号内得一分,发球失误(不过网、出界)得零分,球发到其他区域不计得失分;全队累计得分数,最后看双方总得分数多的为胜队。

(4)组织要求:练习者必须按照甲、乙组各一次的顺序依次进行发球。必须按规定的上手发球动作。

(二)垫(捧或托)球技术

1. 配合瞄准目标(图 6-11)

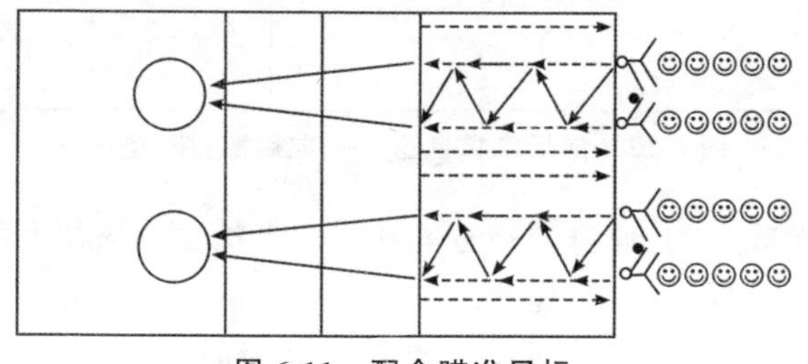

图 6-11　配合瞄准目标

(1)游戏目的:提高练习者垫(捧或托)球准确性和相互配合能力。

(2)游戏方法:将练习者分成两队,站在甲场地端线,两人一组用一球侧移动连续对垫(捧或托),合计 10 次至限制线附近,再由任意一人将球准确地垫过网到乙场地设置的落点区(装球车或筐),然后两人一起跑回端线第二组再出发,全队依次进行,最后计算两队垫(捧或托)球进设置的落点区,多者为胜。

(3)游戏规则:必须用垫(捧或托)球技术,过程不得用其他技术动作过渡,如有出现则视为犯规,扣除进球一次。

(4)组织要求:提示练习者注意相互配合,两个人对垫(捧或托)时合理控制球的力量、方向、弧度。两个人相互用语言提示对方,由谁将球垫过网。

垫过网的动作可以侧垫或者提前将身体转成正面垫球。

2. 向后友情递送——向后捧、托、垫球(图 6-12)

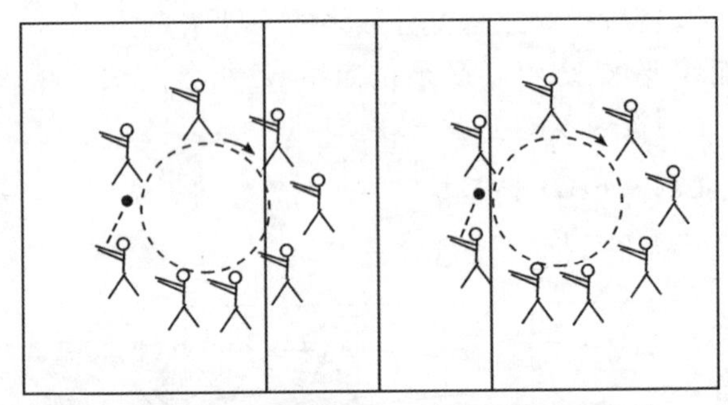

图 6-12　向后友情递送——向后捧、托、垫球

(1)游戏目的:通过游戏方式让练习者提高背垫技术的练习兴趣,进一步掌握背向捧、托垫球技术及控制能力。

(2)游戏方法:将练习者分成两大组分别在甲、乙场地围成圆圈,用一个排球,听到教师鸣哨后,持球的练习者开始依次做背向捧、托、垫球,教师同时数数,1～20 之内(含 20),球不落地为胜队。

(3)游戏规则:练习者可以圆圈式向前移动做背向捧、托、垫球,在教师数 1～20 个数之内球不得落地,如果落地被视为该组输(备注:还可以规定在教师数 1～20 个数之内球如果落地,捡起来接着做背向捧、托、垫球,最后累计全组掉球几次,次数少的为胜队)。

(4)组织要求:每个人注意移动接前一位同学的背向捧、托、垫球,同时要做好背向捧、托、垫球动作。动态的圆圈行进间背向捧、托、垫球。

(5)教学建议:这个游戏练习教师数数可多可少;另外,根据学生掌握的背向捧、托垫球技术水平,可以间隔持球者,也可以逐个增加球的个数进行背向捧、托垫,以提高难度。

(三)传球技术

1. 传球接力赛(图 6-13)

(1)游戏目的:培养练习者传球时手指、手腕弹击和变换传球方向的控制能力。

(2)游戏方法:将练习者分成两组站在甲场地端线外,排头开始向前自传球 10 次至限制线与隔网乙场地限制线学练习者固定点)连续对传 5 次,然后在转身自传返回,第二人继续出发依次进行,最后哪一队先完成为胜。

(3)游戏规则:自传球和对传球均不得让球落地。如有球落地则重新开始,必须按规定向前连续自传 10 次,对传连续完成 5 次。

(4)组织要求:强调练习者要根据传球方向注意变换身体重心和传球的出手角度及手指、手腕的用力。

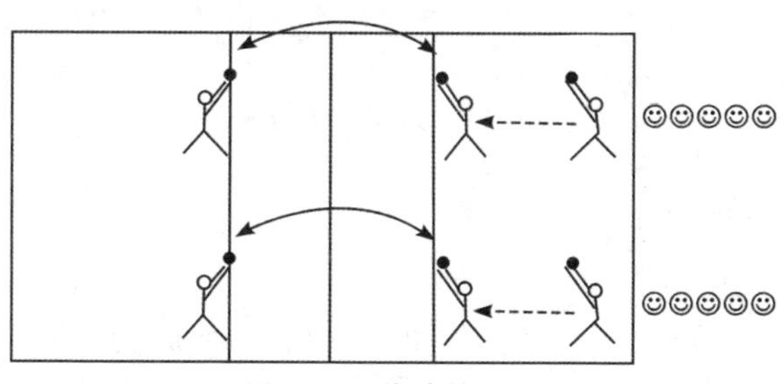

图 6-13 传球接力赛

2. 快速变化传球(图 6-14)

(1)游戏目的:培养练习者对不同传球方向,及时改变击球点和出手角度的控制能力。

(2)游戏方法:把练习者分成单、双号两组站立,面对相距 3～4 米做上手传球的同时,一边听教师出 20 以内的加减题,一边计算,得数为单数(例如:8－1＝7),那么单号组立即下蹲双手触摸地,而双号组则向上做自传动作。

(3)游戏规则:以教师出题的次数为该游戏练习的组数,最后累计单、双号组出错的总次数,出错次数少的为胜队。必须用上手传球。若对方有出现垫球动作被视为犯规,计为一次出错。

(4)组织要求:教师要控制出题的难易度和节奏。

(5)教学建议:可以根据学生技术掌握程度、练习的热情提高出题难度(如 10 以内加、减、乘法)。

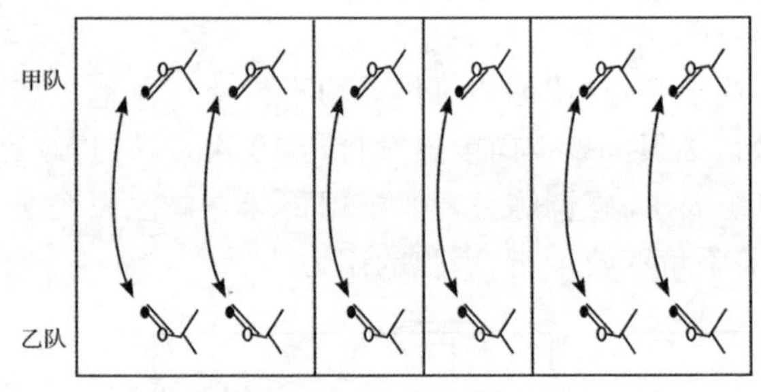

图 6-14　快速变化传球

(四)扣球技术

1. 远近显威力(图 6-15)

(1)游戏目的:让学生进一步体会扣一般高球与扣远网球动作的区别,并提高练习者连续扣球能力。

(2)游戏方法:将练习者分成甲、乙两大组,教师从 3 号位网边分别向限制性附近抛远网一般高球，接着再向 4 号位抛近网一般高球，甲组练习者排头开始连续扣教师抛远网一般高球和近网一般高球，全组依次进行直到结束，换乙组进行扣球。

(3)游戏规则：练习者应按规定的扣球动作顺序进行，必须连续扣；扣球失误(不过网、出界)得零分，只要将球扣到规定的区域内按区域标注的数字计得分，全组累积计算总得分多为胜队。

(4)组织要求：强调练习者注意体会两种不同的扣球动作方法，减少失误的同时要有意识地控制扣球落点，争取多得分。另一组捡球要及时，不得让球滚进场地内，注意安全。

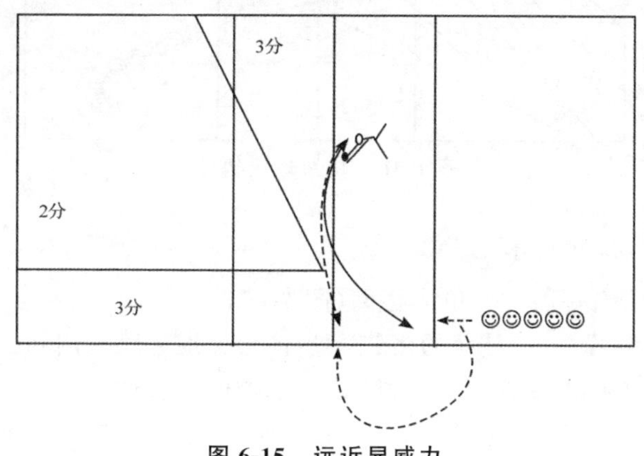

图 6-15　远近显威力

2．扣快球比得分(图 6-16)

(1)游戏目的：培养二传与进攻手之间的相互配合，加强进攻手掌握和运用转腕或转体扣快球的技术能力。

(2)游戏方法：将练习者分成甲、乙两大组，教师从后场抛球至二传处(固定二传)，甲组在 3 号位助跑起跳扣二传传出的 3 号位近体快球，全队依次进行 3 轮(即每人扣球 3 次)直到结束，换乙组进行扣球。

(3)游戏规则:将球扣到规定区域内得一分,扣到阴影区域不计得失分,扣球失误(不过网、出界)得零分,二传传球失误计本组扣失一分,全队累积计分,得分多的为胜队。

(4)组织要求:提示扣快球应找准助跑时机,每个人以及二传应尽量减少失误。捡球组要及时,不得让球滚进场地内,注意安全。

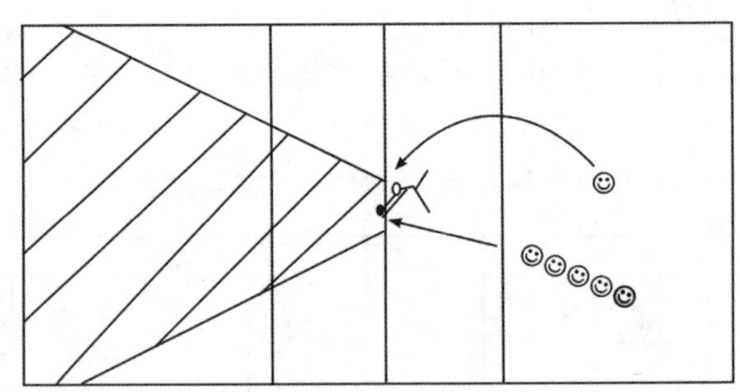

图 6-16　扣快球比得分

(五)拦网技术

1. 独当一面——单人拦网(图 6-17)

(1)游戏目的:让练习者进一步体会原地起跳拦网和拦网移动步法、空中拦击动作,加强拦网技术动作的完整性。

(2)游戏方法:把学生分成甲、乙两大、小组分别在场地两边端线迎面站立,听到教师鸣哨,甲 1 小组、乙 1 小组排头练习者立即抱起地上的排球快速跑到中线和甲 2 小组、乙 2 小组排头练习者徒手迎面跑来的同伴一起在网边做起跳拦网(甲、乙 1 小组持球,甲、乙 2 小组做拦网动作),接着将球从网下交给对方一起侧移动到 3 号位做拦网动作,然后在侧移动到原来位置做拦网动作,将球再从网下交给对方完成以后各自跑回端线,甲 1、乙 1 小组将球交给第二位练习者出发,全队依次进行,最后甲乙两队谁又快又好地完成为胜队。

(3)游戏规则：必须按照规定动作顺序进行，球不得掉地、人不准触网，如果出现错误、球掉、触网两人均退出场，最后以犯错少、在场人数多为胜队。

(4)组织要求：教师要强调不得扑球、扑网以防踩脚。要提醒练习者落地注意缓冲动作。

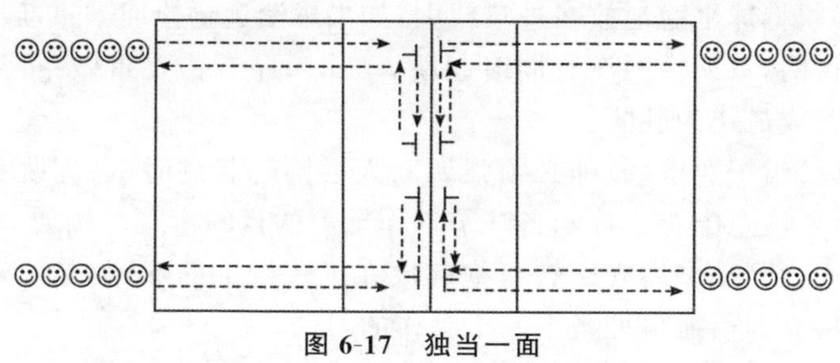

图 6-17　独当一面

2. 协作阻拦——双人拦网(图 6-18)

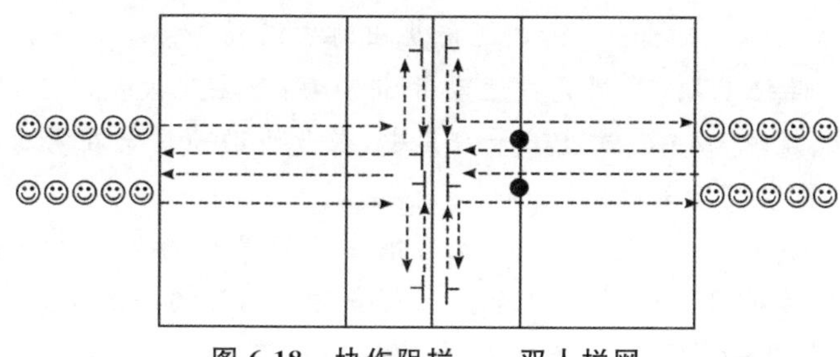

图 6-18　协作阻拦——双人拦网

(1)游戏目的：培养练习者在球场上能够合理运用单人拦网和双人拦网技术动，并加强球场拦网意识。

(2)游戏方法：将练习者分成甲、乙两大组分别到两边场地端线站成两路纵队，听到教师鸣哨后，甲、乙组排头第一组练习者快速抱起地上的排球一起跑到进攻线将球放下，然后跑到 3 号位一起做徒手双人拦网动作，接着各自侧移动到2、4号位做徒手单人拦网动作，再返回3号位一起做徒手双人拦网动作后立即转身抱起放在进攻线的球跑回端线将球交给第二组出发，全队依次进行直到完成，最后甲乙两队谁又快又好地完成为胜队。

(3)游戏规则：应按照规定动作顺序进行，双人拦网要同时起跳，必须将球平稳地放在进攻线上；如果球滚远要捡回来重新放好在去拦网，双人拦网没有同时起跳、动作顺序有错要重做；最后哪一队完成最快为胜队。

(4)组织要求：教师必须强调双人拦网时起跳时机、起跳点的选择，要注意配合。提示各环节动作练习的目的意义。例如：学生做双人拦网动作后立即转身抱起放在进攻线上的球，就是要养成拦网后立即后撤再准备下一个动作的习惯。

【知识窗】16世纪以后，由于资本主义社会推崇"绅士体育"即利用身体活动进行享乐消遣。产生许多近代体育项目如赛马、拳击、马术、板球、划船等，随之还衍生出博彩活动等。

19世纪末期，美国竞技运动异常繁荣，产生了大量运动项目，如排球、篮球、网球、橄榄球等。其中，很多运动项目是在游戏的基础上发展演变而来的。

在现代体育运动项目中，也有很多项目是从游戏中发展起来的，如奥运项目——沙滩排球。在众多运动项目的形成中，游戏起着不可替代的作用。体育竞技史的研究结果表明，游戏形成了竞赛的雏形。很多竞赛项目前身是游戏项目，经过长久的历史演变，在规则的完善及器材、竞赛条件的具备下，逐渐演变成现代竞技项目。

【思考与练习】

1. 为什么采用排球游戏教学对学生尽快掌握排球技、战术能够取得较好的效果？

2. 自己设计一种三个素材(三种姿势或三个项目)的混合接力游戏。

3. 自己设计一种简单的排球战术游戏。

附录　气排球教学文件

附录 1　大学“气排球”课程教学大纲与进度

第一部分　教学大纲

一、教学大纲

(一)课程目标

以“健康第一”为指导思想，通过合理的体育教学和科学体育锻炼，使学生增强体质，增进健康，提高体育意识和能力，养成体育锻炼的习惯，培养终身体育的意识，为终身体育打下良好的基础。

(二)具体任务

1. 学生掌握气排球运动的基本技术和基本技能，了解气排球运动的基础理论知识。

2. 增强学生体质，增进健康。

3. 通过教学，提高学生参与气排球运动的积极性，增强学生的自信心、自制力，培养学生的开创精神。

4. 发展大学生的体育才能，提高气排球运动水平，促进气排球运动进一步普及。

二、教学内容

(一)使用教材

《气排球》由厦门大学出版社 2014 年 8 月出版，主编为陈铁成。

(二)理论部分

1. 气排球运动概述:气排球运动简介、锻炼价值、发展概况、发展趋向。

2. 基本技术、基本战术。

3. 规则与裁判。

(三)实践部分

1. 准备姿势与移动。

2. 传击球、防守击球、扣球、发球、拦网等技术。

3. 接发球进攻战术。

4. 接扣球防守反击战术。

三、教学时数分配

	分类	序号	教学内容	时数
第一学期	理论部分	1	气排球运动的发展简况及场地、器材	30
		2	气排球比赛的特性及方法	
	实践部分	1	传击球、防守击球技术	
		2	下手发球	
	考核		传击球、防守击球技术	
第二学期	理论部分	1	气排球理论技术分析	30
		2	气排球比赛的特性及方法	
	实践部分	1	传击球	
		2	防守击球技术	
		3	正面上手发球	
	考核		传球、双手插托击球	

续表

	分类	序号	教学内容	时数
第三学期	理论部分	1	气排球比赛规则	30
	实践部分	1	二传、扣球技术、防守击球技术	
		2	“中二传”接发球站位以及轮转	
	考核		正面上手发球、抱球	
第四学期	理论部分	1	如何欣赏一场排球比赛	30
		2	战术形式、气排球裁判法	
	实践部分	1	复习技术,学习扣球、拦网	
		2	“中二传”接发球进攻战术,接扣球防守反击战术	
		3	比赛中运用技术	
	考核		扣球、定点发球	
	总计			120

四、考核

(一)考核内容

1. 自传

(1)评分办法

技评要求:a. 手型;b. 动作;c. 高度;d. 移动范围。

达标要求:20 个 1.5 米以上的球。

(2)比例

技评占 40%、达标占 60%。

2. 自垫

(1)评分办法

技评要求:a. 手型;b. 动作;c. 高度;d. 移动范围。

达标要求:20 个 1.5 米以上的球。

(2)比例

技评占 40%、达标占 60%。

3. 对传

(1)评分办法

技评要求:a. 手型;b. 击球动作;c. 高度;d. 控制球能力;e. 移动。

达标要求:两人相距 4 米左右,球高度达 2 米左右,来回 20 个。

(2)比例

技评占 40%、达标占 60%

4. 对垫

(1)评分办法

技评要求:a. 手型;b. 击球动作;c. 高度;d. 控制球能力;e. 移动。

达标要求:两人相距 4 米左右,球高度达 2 米以上,来回 20 个。

(2)比例

技评占 40%、达标占 60%。

5. 双手插托击球

(1)评分办法

技评要求:a. 手型;b. 动作;c. 高度;d. 控制能力。

达标要求:达标 20 个离地 2 米以上的球。

(2)比例

技评占 40%、达标占 60%。

6. 抱球

(1)评分办法

技评要求:a. 手型;b. 击球动作;c. 高度;d. 控制能力。

达标要求:完成20个离墙1米以上、高度2米左右的球。

(2)比例

技评占40%、达标占60%。

7. 正面下手发球

(1)评分办法

技评要求:a. 动作技术;b. 发球质量。

达标要求:压线为成功球。

(2)比例

技评占40%、达标占60%。

8. 正面上手发球

(1)评分办法

技评要求:a. 发球动作;b. 发球质量。

达标要求:每球10分,压线为成功球。

(2)比例

技评占40%、达标占60%。

9. 扣球

(1)评分办法

技评要求:a. 助跑起跳;b. 空中动作;c. 扣球质量。

达标要求:每人扣10个球,每球6分。

(2)比例

技评占40%、达标占60%。

(二)评分等级

优秀:86~100分;良好:76~85分;及格:60~75分;不及格:59分以下。

五、教学要求

1. 认真做好教书育人工作，言传身教，为人师表。

2. 加强对学生的思想教育，使学生明确学习的目的性；引导学生对学习气排球运动的热爱与兴趣，调动学生学习的主动性与积极性；努力完成课程的教学任务。

3. 针对大学生的水平与特点，做到因材施教、区别对待原则，尊重学生、爱护学生，鼓励学生互帮互学，共同进步。

4. 在教学方法上提倡个性化和多样化。积极开展师生之间、学生之间、班级之间的多边趣味竞赛活动（组织活动的内容与方法可由学生组织或参与组织）。

5. 加强集体备课，及时总结和交流经验，统一认识，大胆进行教学改革实验，采取有效的教学措施，提高教学效果。

第二部分：教学进度

教学进度表(第一学期)

课次	日期	教学内容	教学形式	时数	备注
1		气排球运动的发展简况及场地、器材	理论	2	
2		气排球比赛的特性及方法	理论	2	
3		1. 介绍气排球运动基本方法 2. 建立对气排球的初步感觉	实践	2	
4		1. 传击球 2. 身体素质	实践	2	
5		1. 传击球 2. 身体素质	实践	2	

续表

课次	日期	教学内容	教学形式	时数	备注
6		1. 防守击球、传击球 2. 身体素质	实践	2	
7		1. 防守击球、传击球 2. 身体素质	实践	2	
8		1. 防守击球、传击球 2. 身体素质	实践	2	
9		1. 防守击球、传击球 2. 正面下手发球 3. 身体素质	实践	2	
10		1. 防守击球、传击球 2. 正面下手发球 3. 介绍气排球运动场地及比赛中的器材设备	实践	2	
11		1. 防守击球、传击球 2. 正面下手发球 3. 简单介绍排球比赛方法、阵容、落位与位置轮换,并进行教学比赛	实践	2	
12		1. 复习所学技术 2. 身体素质	实践	2	
13		考试:12 分钟跑	实践	2	
14		考试:传击球	实践	2	
15		考试:防守击球	实践	2	
16		补考:	实践	2	
合计				32	

教学进度表(第二学期)

课次	日期	教学内容	教学形式	时数	备注
1		气排球技术理论分析	理论	2	
2		1. 介绍气排球运动的起源及项目特点 2. 对气排球建立初步的感觉	实践	2	
3		1. 传击球 2. 气排球游戏	实践	2	
4		1. 传击球 2. 双手插托击球	实践	2	
5		1. 传击球 2. 双手插托击球	实践	2	
6		1. 传击球 2. 双手插托击球	实践	2	
7		1. 传击球 2. 双手插托击球	实践	2	
8		1. 传击球 2. 双手插托击球	实践	2	
9		1. 介绍气排球运动场地及比赛中的器材设备 2. 正面下手发球 3. 传击球、防守击球	实践	2	
10		1. 正面下手发球 2. 传击球、双手插托击球	实践	2	

续表

课次	日期	教学内容	教学形式	时数	备注
11		1. 传击球、双手插托击球、正面下手发球 2. 简单介绍排球比赛方法、阵容、落位与位置轮换，并进行教学比赛	实践	2	
12		1. 复习所学技术动作 2. 教学比赛	实践	2	
13		比赛与裁判手势练习	实践	2	
14		1. 复习所学技术动作 2. 教学比赛	实践	2	
15		考试：传球	实践	2	
16		考试：双手插托击球	实践	2	
合计				32	

教学进度表(第三学期)

课次	日期	教学内容	教学形式	时数	备注
1		气排球比赛规则	理论	2	
2		1. 传击球、双手插托击球 2. 正面下手发球	实践	2	
3		1. 传球 2. 正面上手发球	实践	2	
4		1. 传球 2. 正面上手发球	实践	2	

续表

课次	日期	教学内容	教学形式	时数	备注
5		1. 抱球 2. 传球、正面上手发球 3. 简单介绍气排球比赛方法、比赛阵容落位与位置轮换；教学比赛	实践	2	
6		1. 抱球 2. 传球、正面上手发球 3. 前中二传接发球站位以及轮转（五人制）	实践	2	
7		1. 学习二传 2. 复习所学技术动作 3. 教学比赛	实践	2	
8		1. 学习二传 2. 复习所学技术 3. 教学比赛	实践	2	
9		1. 复习所学技术动作 2. 学习扣球手臂技术 3. 教学比赛	实践	2	
10		学习裁判方法、比赛运用技术	实践	2	
11		学习裁判方法、比赛运用技术	实践	2	
12		1. 复习所学技术动作 2. 学习扣球手臂技术 3. 教学比赛	实践	2	
13		1. 复习所学技术动作 2. 教学比赛	实践	2	

续表

课次	日期	教 学 内 容	教学形式	时数	备注
14		1. 复习所学技术动作 2. 教学比赛	实践	2	
15		考试:正面上手发球	实践	2	
16		考试:抱球	实践	2	
合计				32	

教学进度表(第四学期)

课次	日期	教 学 内 容	教学形式	时数	备注
1		1. 战术形式 2. 气排球裁判法	实践	2	
2		1. 扣球 2. 传击球、防守击球、正面上手发球	实践	2	
3		1. 扣球 2. 传击球、防守击球、正面上手发球 3. 教学比赛	实践	2	
4		1. 扣球 2. 拦网 3. 教学比赛	实践	2	
5		1. 拦网 2. 扣球 3. 教学比赛	实践	2	

续表

课次	日期	教　学　内　容	教学形式	时数	备注
6		1. 拦网、扣球 2. 前中二传接发球进攻战术(五人制) 3. 教学比赛	实践	2	
7		1. 扣球、拦网 2. 接发球进攻 3. 裁判基本知识及手势 4. 教学比赛	实践	2	
8		1. 扣球与拦网 2. 接发球进攻 3. 教学比赛	实践	2	
9		1. 单人拦网下的防守战术 2. 教学比赛	实践	2	
10		1. 单人拦网下的防守战术 2. 裁判基本知识及手势 3. 教学比赛	实践		
11		1. 单人拦网下的防守战术 2. 教学比赛	实践	2	
12		1. 双人拦网下的防守战术 2. 教学比赛	实践	2	
13		1. 双人拦网下的防守战术 2. 教学比赛	实践	2	
14		复习所学技术	实践	2	
15		考试:扣球	实践	2	
16		考试:定点发球	实践	2	
合计				32	

附录2　气排球学习测试题

一、填空题

1. 排球运动形式多种多样，主要有________、________、________。

2. 气排球运动于______年______国发明的。

3. 正面下手发球动作方法的主要技术环节有________、________、________。

4. 阵容配备的形式主要有________、________。

5. 排球运动诞生于______年，6人排球项目______年列入奥运会比赛项目，沙滩排球______年列入奥运会比赛项目。

6. 击球犯规包括：连击、______、______、借助击球及同时击球犯规。

7. 气排球主动得分的技术有______、______和拦网。

8. 通常所说的我国气排球三大赛指______、______、______。

9. 扣球技术是由准备姿势、______、______、______、落地等五个动作结构组成。

10. 气排球运动的发明国家是________，6人制排球运动是______国发明的。

11. 气排球比赛中，成年男子网高____，女子网高____。

12. 气排球的无球技术包括______和______。

13. 气排球集体战术的进攻阵型有：______、______、______等三种基本形式。

14. 气排球正面扣球由以下五个技术环节构成：____、____、____、____、落地。

15. 气排球比赛场区上空无障碍区空间从地面量起至少____米。

二、选词填空

1. 备选词:四个,十个,眼睛,平面,张开的,前上方,脸,勺型,前方 10 厘米

传球时用前两节分开的手指和所有____手指接球;手指构成了一个____,大拇指应该指向____方向。在额头的____接球;应该通过____手指注意来球。

2. 备选词:前脚掌,伸展的,弯曲的,前上方,肩膀,双脚上,前臂

手腕垫球时应用______接球;在接球时用______手臂迎球,同时______向前抬,双腿向______蹬伸。在整个动作过程中,身体重心落在______,上体稍向前倾。

3. 备选词:近体扣球,后排进攻,小臂垫球,盖帽拦网,前飞,跳发球,背飞,平拉开扣球,勾手飘球

我国男、女排对世界排球运动的发展做出了重大贡献。分别在 20 世纪五六十年代发明了______、______、______;七八十年代又创造了______、______、拉三、拉四等技、战术。

4. 备选词:接发球,推攻球,二传,二传吊球和处理球,接拦回球,接扣球

在比赛中传球主要用于______,也常被用来接对方的______,以及______。

三、不定项选择题

1. 下列最不易暴露战术意图的信号联系方式是(　　)。

A. 落点　　B. 语言　　C. 手势　　D. 位置交换

E. 仪态

2. 判断持球犯规的依据是传球(　　)。

A. 动作难看　　B. 声音难听

C. 接抛动作　　D. 连续触及动作

3. 气排球比赛场区四周的无障碍区至少应为(　　)。

A. 7 米　　B. 5 米　　C. 6 米　　D. 2 米

E. 3 米

4. 对手进攻实力较强时可采用(　　)下的防守阵型。

A. 双人或单人拦网　　B. 三人或双人拦网

C. 单人或无人拦网

5. 气排球比赛中第二裁判能鸣哨进行判罚的犯规是(　　)。

A. 触网　　B. 持球

C. 过网拦网犯规　　D. 后排队员进攻性击球犯规

6. 气排球竞赛制度通常有(　　)。

A. 循环制　　B. 淘汰制　　C. 交叉制　　D. 配对制

E. 混合制

7. 第一裁判判罚手势应该是(　　)。

A. 犯规队员—犯规性质—发球方

B. 犯规性质—犯规队员—发球方

C. 发球方—犯规队员—犯规性质

D. 发球方—犯规性质—犯规队员

8. 正面一般垫球时应该把球保持在(　　)。

A. 额前上方　　B. 手臂正前方

C. 腹前一臂处　　D. 手臂前上方

9. 气排球战术系统除“一攻”外还有(　　)。

A. 强攻　　B. 反攻　　C. 保攻　　D. 推攻

E. 快攻

10. 下面(　　)项不属于防守战术阵型。

A. 一二一二阵型　　B. 一三二阵型

C. 中二三阵型　　D. 一字阵型

11. 气排球比赛中,第一、二裁判均可以鸣哨的犯规有(　　)。

A. 触网　　B. 发球犯规

C. 四次击球　　D. 后排队员进攻性击球犯规

E. 连击

12. 中国女排获得世界杯冠军的次数是(　　)。

A. 1 次　　B. 2 次　　C. 3 次　　D. 4 次

13. 下列项目属于竞技排球的是(　　)。

A. 6 人制排球　B. 草地排球　C. 坐式排球　D. 沙滩排球

E. 气排球

14. 正面上手发球击球部位在球的(　　)。

A. 后中部　　B. 后中下部　　C. 后下部　　D. 后中下部

15. 气排球比赛场地发球短线的长度是(　　)。

A. 15 厘米　　B. 20 厘米　　C. 10 厘米　　D. 5 厘米

16. 气排球一次正式比赛暂停时间是(　　)。

A. 30 秒　　B. 25 秒　　C. 20 秒　　D. 60 秒

17. 扣球时助跑步幅(　　)。

A. 由大变小,步频由慢到快　B. 由大变小,步频由快到慢

C. 由小变大,步频由慢到快　D. 由小变大,步频由快到慢

18. “持球”犯规就是(　　)。

A. 球在手中有停留时间　　B. 手拍球

C. 将球接住或抛出　　D. 球未击出

19. 下列正确的对应关系是(　　)。

A. 扣球—战术　　B. 扣球—技术

C. 快球—战术　　D. 快球—技术

20. 背垫的击球点一般应在(　　)。

A. 肩前上方　B. 肩上方　　C. 头前上方　D. 头上方

21. 气排球半场对角线长(　　)米。

A. 13.41　　　B. 13.738　　C. 12.718

22. 下列正确的对应关系是(　　)。

A. 中国女排——2008 年奥运会冠军

B. 中国女排——2008 年奥运会第四名

C. 中国女排——2008 年奥运会亚军

D. 中国女排——2008 年奥运会第三名

23. 下列正确的对应关系是(　　)。

A. 二传—攻手—阵容配备

B. 一裁—二裁—裁判

C. 进攻—防守—战术

D. 规则—裁判—竞赛

24. 排球发明早于(　　)。

A. 篮球　　　B. 网球　　　C. 足球　　　D. 乒乓球

25.(　　)不属于奥运会项目。

A. 沙滩排球　B. 气排球　　C. 排球　　　D. 墙排球

26. 下列行为不是犯规的有(　　)。

A. 比赛中,手触对方场地

B. 比赛中,脚部分触对方场地

C. 比赛中,脚触对方场地外地面

D. 比赛中,手触对方场地外地面

27. 比赛中,下列(　　)的请求是允许的。

A. 甲队请求换人,乙队请求换人

B. 甲队请求换人,乙队请求暂停

C. 甲队请求换人,乙队请求换人,甲队再请求换人

D. 甲队请求换人,乙队请求暂停,乙队请求换人

28. 发球队员发球时出现的犯规与接发球方位置错误同时发生，则应该判（　　）。

A. 位置错误　　B. 发球犯规

C. 不犯规，比赛继续　　D. 争球

29. 气排球比赛中有可能造成位置错误的是（　　）。

A. 5 号和 3 号　　B. 4 号和 5 号

C. 2 号和 3 号　　D. 1 号和 6 号

30. 气排球比赛中第二裁判不能鸣哨判罚的是（　　）。

A. 持球　　B. 触网

C. 过中线犯规　　D. 连击

31. 我国土生土长的一项群众性排球活动是（　　）。

A. 沙滩排球　B. 4 人制排球　C. 气排球　D. 软式排球

32. 我国女排第一次获得世界冠军是（　　）。

A. 1981 年　B. 1983 年　C. 1984 年　D. 1985 年

E. 1987 年

33. 发飘球时用手掌或掌根所组成的平面挡击球的（　　）。

A. 后上部　B. 后中上部　C. 后下部　D. 后中下部

34. 气排球进攻阵型有（　　）。

A. 边二三　　B. 边跟进

C. 中一三二　　D. 边一三二

35. 气排球正式比赛中，青年男子网高为（　　），女子网高为（　　）。

A. 2.10 米　B. 2.00 米　C. 1.90 米　D. 1.80 米

四、名词解释

1. 气排球运动
2. 个人战术

3. 竞赛编排

4. 阵容配备

5. 进攻性击球

6. 强攻

7. 气排球技术

8. 准备姿势

9. 快攻

10. 延误比赛

11. 排球战术

12. 网下穿越过中线犯规

五、问答论述题

1. 正面上手发球技术教学时，讲解示范的要点有哪些？请说明。

2. 接发球的基本要求有哪些？接发球的阵型有哪几种？

3. 准备姿势和移动的教学难点、教学顺序有哪些？

4. 举四种扣球挥臂动作的击球手法练习。

5. 分析自己接发球技术的错误与不足，举两例接发球技术的练习方法(要求：图示，并对练习要求加以说明)。

6. 试述上手发球在气排球比赛中的作用，并分析技术动作方法。

7. 试述单人拦网防守阵型并画图说明。拦网时应注意哪些事项？

8. 各种发球在技术上的共同要求有哪些？请分析正面下手发球和侧面下手发球有何区别。

9. 简述我国对世界排球发展的贡献(技术和战术的发明，打法等)。

10. 准备姿势与移动对完成各项击球技术有何意义？

11. 简述气排球场上“高度”、“速度”的表现。

12. 垫球技术在场上的运用体现在哪些方面？结合自身的排球技术学习体验，谈谈在学习垫球技术过程中常出现的错误及纠正的方法（至少三种以上）。

13. 试述气排球运动规则修改的依据及发展趋势。

14. 简述各种发球在技术上的共同要求。

15. 简述扣球时助跑的时机和起跳的位置。

16. 举例分析说明规则修改对气排球技术发展的影响作用。

17. 计算 7 个队单循环比赛的轮次与场次，用“贝格尔”编排方法列出每个轮次的对阵。

18. 结合个人情况，分析在学习扣球技术过程中出现的问题及相应的解决方法，并说明自己在教学比赛中所应用过的垫球个人战术。

19. 在学习单人拦网下的防守战术前要掌握哪些技术？试分析单人拦网下的防守战术及其教学步骤。

20. 在气排球比赛中如何判断队员进攻性击球犯规？

21. 某大学举行气排球比赛，有 7 个队报名比赛，比赛采用单循环制，请用“贝格尔”编排法，编排出比赛的各个轮次，并算出所需的场数和轮数。

22. 请列举三例初学者正面上手传击球常见的错误及相应的纠正方法。

23. 结合本学期的学习，阐述气排球运动的特点。

24. 请设计若干个游戏或练习方法，分别用于同学发球和扣球技术的提高（请详细表述游戏或练习的目的、内容、方法、要求以及组织）。

参考文献

[1]黄汉升主编.《球类运动——排球》[M].北京:高等教育出版社,2005、2009

[2]中国排球协会审定.气排球竞赛规则[M].北京:北京体育大学出版社,2013

[3]高子琦,黄辅周编著.排球裁判必读/学做裁判丛书[M].北京:北京体育大学出版社,2000

[4]连道明,陈铁成.软式排球、沙滩排球、气排球[M].厦门:厦门大学出版社,2007

[5]陈铁成,王幼华.现代排球教学与训练方法设计教程[M].厦门:厦门大学出版社,2012

[6]陈铁成.气排球[M].厦门:厦门大学出版社,2014